LA BLESSURE DE NARCISSE

Geneviève Guy-Gillet

LA BLESSURE DE NARCISSE

ou les enjeux du soi

Albin Michel

« Bibliothèque jungienne »
Collection dirigée par Michel Cazenave

22, rue Huyghens, 75014 Paris.

ISBN 978-2-226-32436-8

AVANT-PROPOS

Amour de soi, amour de l'autre

Dans la perspective jungienne, le soi est ce processus énergétique qui accompagne la maturation de tout individu. Il a pour qualité essentielle de servir la tendance à constituer un tout, une unité, une cohésion de sens. Tendance innée qui, d'une part, sous-tend le sentiment d'identité du sujet — celui de se sentir comme une personne entière — et, d'autre part, organise en quelque sorte le développement de la conscience. Fondé sur l'expérience originelle du « un avec la mère », le soi met constamment à l'épreuve sa capacité à se fragmenter pour se reformer en unités de plus en plus complexes. C'est dire que la plus ou moins grande facilité à remplir cette fonction est tributaire des vécus précoces et des premiers éprouvés relatifs aux frustrations et aux séparations archaïques.

Cette suite de temps pleins et vides est constitutive d'un moi intégrateur des expériences vécues lorsqu'elle s'accomplit conformément aux capacités bio-psycho-somatiques de l'individu. Dans le cas contraire, ces temps échappent à la rythmicité organisatrice et peuvent aller jusqu'à se ponctuer de coupures mortifères, véritables « trous noirs » qui signent un défaut de relation entre le soi et le moi, ou des défaillances dans son mode de fonctionnement.

C'est autour de ce qui constitue le soi, d'une part, et, d'autre part, ses défauts fonctionnels que j'ai groupé un ensemble de textes qui traitent de ces questions. Si j'ai placé Narcisse au centre du débat, c'est que sa figure est exemplaire de la souffrance de ces sujets, de plus en plus nombreux, qui viennent interroger notre capacité à leur offrir un autre miroir que ce trou d'eau dans lequel ils se noient. Le concept de narcissisme, d'origine freudienne, ne peut être écarté du débat, tant son emploi est de pratique courante, mais nos hypothèses théoriques concernant une clinique du soi s'étaient sur une conception originale de Jung, à laquelle notre pratique ne cesse de se référer, tout en maintenant la nécessaire position épistémologique.

Dans les chapitres qui composent cet ouvrage, j'ai placé la question du soi en constante relance des diverses propositions qui sous-tendent mon étude :

— le corps dans l'analyse ;
— la fonction de l'image (au sens jungien du terme) ;
— la position de l'analyste et la relation de transfert.

Mon propos, dans ces pages, est de montrer comment les concepts théoriques de Jung, comme le soi, l'inconscient collectif (les archétypes, les motifs mythiques...), étaient notre clinique et, plus particulièrement une pratique du transfert spécifique des étapes archaïques et des souffrances précoces.

Pour conclure cette présentation, je dirai, à la suite de Jung, qu'il ne saurait y avoir de véritable expérience du soi sans relation avec autrui — et réciproquement —, ce qui suppose, par voie de conséquence, que soit mis en place un juste et nécessaire amour de soi.

CHAPITRE PREMIER

LE SOI ET LE NARCISSISME

Dialogue avec Narcisse

> « On dirait que l'homme, qui cherche son existence et tire de là une philosophie, ne retrouve que par l'expérience d'une vérité symbolique le chemin qui le ramène dans ce monde où il n'est pas un étranger. »
>
> Jung [1]

PRÉSENCE DU MYTHE

Renouvelés, et pourtant inchangés, les mythes restent exemplaires à plus d'un titre et nous découvrons, non sans étonnement, qu'ils accompagnent notre modernité sans rien renier de leur passé. Mais, tandis que nous cherchons de nouvelles interprétations qui nous ouvrent la voie d'accès à leur dessein originel, les personnages qu'ils mettent en scène continuent à œuvrer en nous. Ignorants ou complices inconscients, nous saisissons pourtant les traces fugitives ou fulgurantes de leur passage. Parfois, leur présence se manifeste, tout comme dans les anciens temps, où la fatalité de leurs destins les condamnait à incarner des types trop durs pour être vraiment humains. Mais il arrive aussi qu'une prise de conscience soit l'occasion de leur offrir un destin plus ordinaire, en sacrifiant le secret désir de leur ressembler.

TEMPS DES DIEUX, TEMPS DES HOMMES

Que les mythes se profilent à l'arrière-plan de bien des questionnements, ce n'est pas la psychanalyse qui le démentira : Freud et Jung en ont d'ailleurs longuement débattu. Mais autre chose est de faire l'expérience de leur actualité, de les saisir au vif et au présent d'une analyse. Pourtant pour nous, nul doute que toute image dont nous saisissons la manifestation, sous son double aspect de représentation et de comportement, ne tire son dynamisme des rejetons de l'un ou de l'autre de ces mythes dont notre culture nous a transmis des échos plus ou moins lointains. L'étonnant n'étant peut-être pas pour nous que cela soit, mais que cela ait un sens dans l'ici et maintenant des séances d'analyse.

Nous savons, après Jung, que les potentialités de la psyché ont le statut de processus créatifs sans cesse en activité, ce qui ne veut pas dire que tout ce que la psyché produit soit novateur, mais que les propositions de ces processus sont à prendre en considération, jusque dans leurs répétitions. Or, parmi ces potentialités, Jung place la capacité de « mythologiser », c'est-à-dire de former des motifs structurels organisés en réseaux de significations. Ceux-ci ont, tout d'abord, été projetés dans des collectifs culturels opérant comme une conscience organisée, bien qu'encore soumise aux « puissances des dieux » qui l'avaient créée et lui donnaient son sens :

> *Lorsque les dieux faisaient l'homme,*
> *ils étaient de corvée et besognaient :*
> *considérable était leur besogne,*
> *leur corvée lourde, infini leur labeur*[2].

Mais à partir du moment où l'homme a repris à son compte ce qui avait été l'apanage des dieux, il s'est retrouvé, en contrepartie, chargé de leurs labeurs ! Cet échange de pouvoirs, toujours actuel, par lequel s'éprouve toute conscience individuelle, ne se passe pas sans lutte. La tentation de rivaliser avec cette puissance originelle reste grisante, mais dangereuse, comme continuent à en témoigner ceux qui, pour s'y être aventurés, se sont retrouvés en pleine démesure. Quelle attitude adopter ? Tenir à distance ces forces redoutables ? C'est en même temps se couper de leur source d'énergie. Il semble alors que ce soit en acceptant d'entrer en relation avec ce qui « besogne » souterrainement en lui que l'homme puisse faire de l'Antique Parole le jalon symbolique de son parcours d'individu. Toutefois il arrive que ces puissances (que nous appelons aussi archétypiques) œuvrent non pour « faire l'homme », mais hors de lui ou même contre lui. Dans l'analyse nous saisissons ces effets de bien des façons, par exemple à travers les comportements répétitifs qui viennent sans cesse buter sur la même série d'événements. Nous parlerons à ce propos de « possession » par un complexe[3], ou de complexe « autonome », c'est-à-dire fonctionnant comme pour son propre compte tant la signification de ce jeu inconscient a de mal à se frayer une voie vers la conscience.

LA PLACE DU MYTHE

Pour ceux qui sont ainsi livrés à cette puissance, devenue insensée parce que non reliée à un système signifiant, nous sentons bien qu'une nécessaire démythification est à opérer. Par contre, chez d'autres, nous voyons le mythe jouer comme espoir d'un sens jadis vécu en un temps et en un lieu donnés, mais dont ce qu'il représente ne peut trouver à s'actualiser faute de l'ancrage relationnel qui en ferait une histoire personnelle.

Pour nous analystes, c'est dire que dans l'un ou l'autre cas, c'est dans la dynamique du transfert que s'opérera la révélation de sa signification, que ce soit à l'occasion d'une image, issue d'un rêve — mais pas toujours —, à travers l'interprétation d'un certain vécu, ou encore par la découverte qu'en a faite, en lui-même, l'analyste.

D'autres fois, il nous arrive de constater la survivance de rites et de rituels — et parfois d'en voir les effets —, plongée saisissante dans le temps où régnait la pensée magique et où seule la ritualisation de l'acte garantissait la transmission du divin à l'humain. Cette fonction qui assurait la valeur transformatrice de l'acte mythique devient, dans le transfert, expérience symbolique. Naturellement notre pensée rationnelle a du mal à admettre que « ça » fonctionne, sans que l'on puisse trouver d'explication logique à ce mode de fonctionnement. Pourtant nous sommes obligés d'accepter l'inexpliqué, voire l'inexplicable, à côté de l'explicable : c'est même la gageure que la science propose à l'homme moderne. Ce qui, sur le plan individuel, nous pousse à admettre nos parts « archaïques », restées contemporaines des temps mythiques. Paradoxalement en acceptant de les prendre en compte, nous accroissons nos potentialités et devenons en quelque sorte plus humains : en dégageant la créativité que le mythe contenait, nous augmentons notre champ de conscience.

LE MYTHE AU PRÉSENT

Quant à l'analyste, il a appris, par nécessité, à vivre avec ces figures du mythe, à les reconnaître et à composer avec elles. Déméter, Œdipe, Antigone ou Narcisse, tous, à un moment ou à un autre, n'ont-ils pas traversé nos cabinets d'analystes, essayant de capter le regard qui les fera sortir de leur théâtre d'ombres ?

Parmi ces êtres touchants et redoutables, j'ai retenu plus particulièrement la figure de Narcisse tant elle m'évoque ces patients au contact desquels, dès la première rencontre, et même si leur faille ne se révèle pas d'emblée, quelque chose en moi entre en alerte, pressentiment du manque à être qui les a conduits vers l'analyse. Cette figure qui a traversé les siècles sans rien perdre de son attraction, ni de son énigme, sollicite en fait tous les psychanalystes à un titre ou à un autre. Ils ont appris à reconnaître, en eux, comme chez leurs analysants, les marques de sa puissance, de sa séduction et de sa douleur ; si la folie de Narcisse reste la démesure d'un amour insensé et sans limites, il semble que nous soyons plus sensibles de nos jours à ce qui a produit son échec, plus attentifs aussi à ses souffrances, tout en restant vigilants à ce qui se dissimule derrière l'ombre qui le captive, à travers laquelle nous percevons toute la violence archaïque des commencements.

NARCISSE, TEL QU'EN LUI-MÊME

Comme pour la plupart des mythes, celui de Narcisse n'est parvenu jusqu'à nous qu'à travers maints récits, étalés à travers les siècles ; de l'hymne homérien à Ovide, les narrations diffèrent, l'époque et la culture aussi, mais le thème reste le même : celui d'un trop beau jeune homme, insensible à l'amour et, pour cette raison même, condamné par les dieux à mourir d'un amour impossible à satisfaire. Dans les deux récits nous suivons Narcisse qui se dirige inexorablement vers le piège que lui ont tendu les dieux et qui va l'étreindre jusqu'à sa mort. De même, dans les deux récits, à la place où Narcisse meurt, pousse une fleur qui portera son nom. Sans doute le charme tout particulier du motif grec vient-il de la part faite à la nature où se célèbrent les rites de renouvellement qui, chaque année, voient refleurir le printemps et renaître de jeunes dieux couronnés de fleurs. Tandis que chez Ovide le sentiment de la mort, particulièrement poignant, introduit déjà à d'autres temps[4].

Aujourd'hui l'attention s'est concentrée sur le moment où Narcisse, penché pour boire à la source claire, découvre l'image resplendissante qui lui est renvoyée, moment où celui qu'aucun amour n'avait jamais touché se retrouve bouleversé d'amour pour un être insaisissable. Sans doute, pour nous, la mort de Narcisse et la fleur du souvenir se profilent encore derrière la scène où s'accomplit la fatalité du destin, mais ce qui nous retient, avant tout, c'est ce temps où le drame se noue.

Par-delà l'attention que lui portent les psychanalystes, ce mythe, qui a touché tant de générations, interroge aussi l'homme moderne qui y découvre une nouvelle façon de méditer sur son identité. C'est d'ailleurs cette question, dont Freud a tiré son concept de narcissisme, qui continue à cheminer dans l'analyse[5]. En tant que jungienne, je m'attacherai à chercher comment cette notion qui traverse l'œuvre de Jung, mais sans jamais qu'il la nomme, peut être rattachée à notre pratique.

LE MIROIR DE NARCISSE

Si nous considérons le mythe comme une image « archétypique », nous voyons tout d'abord la toile de fond sur laquelle la figure se détache. Elle est faite de la nature, que l'on devine féconde et épanouie — une « Grande Mère » des origines en quelque sorte. Narcisse y meurt dans l'innocence dont il n'a su sortir, dans cet état de « participation mystique » qui signe le maintien dans le temps cyclique. Suivons Narcisse courant parmi les arbres et les plantes qui avoisinent la source. Il est seul, heureux sans doute, car aucun trouble ne l'agite. Mais la soif le fait se pencher sur l'eau et, à cet instant, tout bascule pour lui. Le voile d'innocence qui l'enveloppait se soulève, acte initiatique par excellence, qui pourrait être jubilatoire et révélateur. Il n'en est rien, car cette déchirure d'être, par où la brûlure de l'amour fait irruption en lui, ne le sauve pas. Au contraire ce qui se lève en lui est un amour insensé, irréel, qui, au lieu de l'ouvrir à la vie, l'engloutit dans la mort. Mais pourquoi une issue aussi fatale ?

Narcisse, nous est-il dit, meurt pour avoir refusé l'amour d'une nymphe. Mais pourquoi, nous demandons-nous, des dieux si cruels ? Derrière cet interdit du même, si nous entendons bien résonner le destin humain, la nécessité de perpétuer l'espèce que pourrait détourner la tentation d'un amour homosexuel, il nous semble percevoir aussi un autre message, peut-être inaccessible à ces dieux. Pour nous, en effet, ce que cherche Narcisse, c'est un regard d'amour qui lui réponde. Peut-être le vertige qui l'emporte, au bord de sa source, est-il la tentative désespérée de rencontrer dans ce regard qui le contemple un amour capable de l'assurer de son existence, au lieu d'un faux-semblant qui l'épuise dans son étreinte mortelle, leurre d'un autre qui se fait, ici, double insaisissable, détaché de toute réalité.

AU BORD DU MIROIR

Mais de quel amour blessé Narcisse meurt-il donc au bord de sa source ? Et de quoi pourrait être fait ce miroir meurtrier ? Si Narcisse était l'un de nos jeunes patients, nous nous demanderions s'il a jamais connu le premier jeu où les regards se croisent dans le face-à-face autrement signifiant, prolongé et authentifié dans le renouvellement de l'expérience. Jeux de regards qu'échangent la mère et son enfant, prélude d'amour aux autres rencontres, racines de la conscience de soi. Si l'enfant aime d'instinct cette image qui lui est proposée dans le miroir, c'est bien parce qu'elle rassemble tout ce qu'il a d'abord connu et éprouvé dans le corps-à-corps avec sa mère, avant de le voir se refléter dans ses yeux, repères où il a puisé sa certitude d'être et d'être aimé. Alors seulement l'image que lui renvoie le miroir peut le combler d'aise avant de lui donner l'appui nécessaire pour s'en déprendre afin d'explorer le monde autour de lui, se différencier des autres qu'il contemple dans le miroir : la mère, tout d'abord, première spectatrice, actrice émerveillée du dialogue qui se joue entre eux. Et c'est elle encore l'indispensable initiatrice des autres rencontres, parce qu'elle en autorise d'heureux en dehors de sa présence[6].

CE PREMIER MIROIR, LA MÈRE

La prise de conscience de l'identité a donc été précédée, et préparée, par tous les instants où la mère est, elle-même, le premier miroir dans lequel se reflète le soi de son enfant. Mais il arrive qu'elle n'ait pu l'être.

Jacques est un petit garçon de cinq ans, sourd, et qui présente des comportements jugés anormaux par son entourage, tels que l'on cherche pour lui un placement en internat spécialisé. Je le reçois avec sa mère qui ne manifeste, en apparence, aucun intérêt pour ce qui se passe. Elle se tient, un peu raide, sur une chaise, pendant qu'assise par terre à côté de l'enfant je joue avec lui. Les objets que je présente à celui-ci déclenchent une grande agitation ; il a très envie de les prendre, mais ses mains tremblent, tournent autour de l'objet de telle sorte que tout est renversé et éparpillé. Enfin, il s'empare d'un bloc en bois rond et joue à le faire rouler sans fin. Interrogée, sa mère dit qu'il joue ainsi à faire rouler des boîtes, et aussi à lancer un ballon en l'air. Un peu plus tard, je présente à l'enfant un ours en peluche, Jacques s'arrête aussitôt, tend les mains, prend l'ours, le laisse tomber. Je le reprends, le serre contre moi, l'embrasse. L'enfant rit, me regarde dans les yeux pour la première fois, serre l'ours à son tour contre lui. Je pose par terre une tasse et une cuillère et donne à manger à l'ours. L'enfant m'imite, puis se donne à manger gravement.

Mais ce qu'avait de particulier cet échange, c'est à travers la mère que je l'ai vécu. Jusqu'alors indifférente, lorsque son fils m'a regardée en prenant l'ours dans ses bras, elle s'est penchée hors de la chaise, le buste tourné vers nous et son visage, transformé, est devenu pour un moment aussi intensément vivant que celui de son fils.

LES FONDEMENTS DE L'IDENTITÉ

Mais poursuivons le débat sur la folie de Narcisse. Est-ce folie que de vouloir s'aimer? Certes à ce point. Pourtant, nous pensons que cet élan passionné qui le porte vers son image sous-tend une autre quête dont la question de l'identité serait l'enjeu : le « qui suis-je ? » qui fonderait son individualité, et dont toute mère tisse les premiers fils de la reconnaissance. Or, Narcisse vit comme un « enfant sans mère », apparemment sans souvenirs d'un passé avec elle, pas plus d'ailleurs que de celui qui porte tout humain à retrouver l'état de « totalité » des origines, du monde d'avant la naissance. Pour Narcisse, en effet, il ne peut s'agir de retrouver ce qu'il n'a jamais quitté, parce que mal connu, faute d'avoir pu l'assurer dans la relation d'amour qui unit la mère à son bébé. Il est donc resté non différencié, non séparé du monde originel. Et lorsque son image surgit enfin, ce qu'elle produit est trop fort pour son fragile équilibre. Bouleversé d'amour par cette révélation d'être, s'il veut mourir, c'est pour ne plus se perdre.

Au double titre de cette recherche de soi et des origines, toute démarche d'amour serait donc une « quête narcissique », où s'entrecroisent représentations personnelles et collectives, étapes franchies par le moi, mais aussi fixations infantiles et défauts d'investissement. Autour des « manques-à-être » se rejoue alors le piège dans lequel Narcisse a succombé en érotisant sa propre image, à la place de ce qu'il aurait dû, mais n'a su en vivre avec une autre.

LE NARCISSISME « PRIMITIF »

Un psychanalyste freudien[7] formule très justement ce que Jung avait avancé dès 1913, et que je développerai plus loin : « Il semble bien que le narcissisme primitif dont nous essayons de dégager l'essence, soit, entre autres, l'expression d'un certain aspect de l'animalité originelle de l'homme. »

Nous sentons mieux alors quel rôle jouait le petit ours en peluche auprès de Jacques, l'enfant sourd, et quel souvenir réel, ou inconscient, cela réanimait en lui. Les expériences faites par les éthologistes avec des singes ont montré que pour le tout-petit c'était le contact avec la chaude fourrure de sa mère qui était primordial. Bien plus qu'au lait qu'elle lui donne, c'est à cela qu'il est « attaché ». La mère peut être remplacée par un mannequin, même grossier, mais le petit singe n'acceptera de nourriture venue de l'extérieur qu'à condition d'avoir à sa disposition cette « mère » substitutive, pourvue d'attributs sensoriels identiques quant au toucher : douceur-chaleur. Faute de quoi il dépérit.

Romain Gary dans son livre *La Promesse de l'aube*[8] constate combien la privation de la mère rend frileux, comme pour cet homme dont il raconte l'histoire et qui ne pouvait dormir qu'avec un pyjama chauffant.

Chaleur-douceur-contact, je me souviens de l'étonnement qu'avait provoqué en moi l'expérience suivante : je devais examiner un petit garçon de 18 mois qui ne parlait pas. Cet enfant, handicapé moteur, était presque entièrement enveloppé d'un corset de plâtre, dont seuls les épaules et le haut du dos émergeaient. L'enfant était craintif et, pour établir le « contact », ne pouvant le prendre sur mes genoux, je lui caressai le haut du dos. Deux jours plus tard, passant auprès de lui, je l'ai entendu m'appeler « maman ». Ce mot avait jailli des profondeurs de l'expérience vécue dans son corps et au cours de laquelle, si brève qu'elle ait été, avait été recréé un moment privilégié, évocateur de « l'état originel de bien-être ».

Un des éléments les plus chargés du « souvenir » de l'état originel est certainement l'eau, le milieu liquide. Là se croisent « les fortes impressions de la nature », « la fusion de l'enfant avec le monde », la mémoire du vivant. J'ai pourtant vu des tout-petits hurler pour entrer dans leur bain, ne voulant pour rien au monde retrouver un état pour eux trop chargé de souffrances. Cette répulsion contraste avec la joie que la plupart des bébés manifestent au contact de l'eau.

Je pense à cette petite fille qui ne pouvait supporter de tremper son corps dans l'eau et à la façon dont elle a retrouvé la joie de s'y mouvoir. Pour elle aussi, cet apprivoisement s'est fait dans une approche relationnelle : c'est, en effet, en se blottissant contre le corps de sa thérapeute que l'enfant a commencé à s'aventurer dans l'eau. Puis, peu à peu, elle a fait d'un lavabo son terrain de jeux, n'acceptant d'objets que préalablement trempés dans l'eau. Elle passait ainsi du contact corporel à des jeux d'eau encore craintifs. Elle a ensuite manifesté une joie extrême à faire couler l'eau et à vider et à remplir le lavabo, à se laver les mains, à plonger et à retirer les objets de l'eau, avant d'immerger son corps tout entier dans l'eau et d'en rire de plaisir. Le retour heureux au milieu primordial symbolisait bien, ici, la confiance retrouvée dans une mère de vie.

JUNG ET LE NARCISSISME

Ces témoignages nous font peut-être davantage prendre conscience de l'importance des toutes premières impressions sensorielles, et du rôle des sensations dans la mémorisation des souvenirs et des représentations qui les évoquent — que l'on songe à la fameuse madeleine de Proust !

Mais Jung fait aussi l'hypothèse que si ces souvenirs sont aussi forts, c'est qu'ils se font l'écho d'un temps antérieur, celui où régnaient « l'instinctivité sans entraves et la beauté de la nature animale harmonieuse en elle-même[9] », temps dont l'homme s'est coupé en accédant à la conscience. Les revécus sensoriels réactiveraient le « souvenir » de cet état privilégié, sur un mode devenu symbolique, et ce que nous appelons narcissisme trouverait là son origine. C'est pourquoi, lorsque ce sont des souvenirs heureux qui s'inscrivent dans la mémoire du corps, ce narcissisme devient le moteur de toute démarche ultérieure et le ressort de tout désir. Par contre, lorsque ces sensations archaïques sont génératrices d'angoisse, elles forment la trame d'une « anti-mémoire », d'un non-soi qui s'inscrit douloureusement dans la répétition.

LA MÈRE COSMIQUE

Ce souvenir mythique de la Mère Nature a nourri, de tout temps, l'imagination créatrice, et le sein de ces « Grandes Mères », symboles cosmiques de la mère de chair, a été longuement célébré ! De nombreuses études se sont élaborées sur ce thème. E.O. James[10], parmi d'autres, pense que l'idée qui donna naissance aux cultes des déesses « Grandes Mères », repose sur une « aspiration universelle vers une unité cosmique inhérente au principe de maternité », et que, de ce fait, « elle compose une aspiration à renouveler la vie en allant à sa source même ». Dans cette perspective, « le but principal des rites était de resserrer l'union entre la Grande Mère, sous l'un ou l'autre de ses aspects, et ses fidèles. Des danses extatiques, une musique sauvage et le symbolisme sexuel d'un mariage sacré devaient, espérait-on, aider à créer un état d'abandon et de communion qui permettrait aux sectateurs de se perdre dans la source de toute vie ».

Ces rites, comme on le voit, utilisaient l'équipement sensoriel pour ouvrir la voie symbolique, faisant du corps le pivot énergétique de l'expérience. Nos sociétés modernes s'efforcent de retrouver cette médiateté. Le symbole, pour sa part, sert cette aspiration à « renouveler la vie en allant à sa source même », par sa double polarité : plongeant ses racines dans l'indicible dont il témoigne au plus loin de l'inconscient collectif, et au plus près de la conscience individuelle, de par sa capacité énergétique à emprunter de nouvelles formes, il suit un trajet symbolique facilement repérable. Ce que formule ainsi Jung : « Une nouvelle adaptation et une nouvelle orientation d'importance vitale ne peuvent avoir quelque chance de succès que si elles se produisent sous une forme qui corresponde aux instincts[11] », psychiquement représentés. Nous dirions encore que cette forme doit être conforme au projet du soi.

RÉGRESSION ET NARCISSISME

Là où Grunberger[12], parmi d'autres, utilisait les termes de « narcissisme primaire », d'« essence de narcissisme », Jung parle de tendance de la libido à retrouver un état antérieur, tendance à la régression, dont il fait, par ailleurs, un des pivots de sa clinique : « La thérapie doit favoriser la régression et ce jusqu'à ce que celle-ci ait atteint l'être prénatal, l'enfant qui porte en germe le devenir du soi[13]. »

Jung avait observé fréquemment chez les malades qu'il soignait, mais aussi chez tout un chacun, la force de l'aspiration à « ce monde perdu », l'attraction exercée par celui-ci et la facilité avec laquelle la libido régresse lorsque l'adaptation au monde paraît trop difficile pour le moi.

De ce fait, la libido oscille entre deux tendances : retour aux origines et investissement prospectif, créatif. Mais si l'énergie nécessaire pour entreprendre de nouvelles tâches est bien puisée dans le « souvenir d'un état de bien-être originel », elle demande pour être utilisée de façon efficace que soit sacrifiée la « nostalgie » liée aux représentations accompagnant cet état : « Pour qui regarde en arrière, le monde et même le ciel étoilé, c'est encore la mère penchée sur lui en l'enveloppant de tous côtés. Et c'est du renoncement à cette image et à la nostalgie que l'on en a que provient l'image du monde correspondant à la connaissance moderne[14]. »

Si pour certains la « nostalgie n'est plus ce qu'elle était », elle reste pour d'autres la porte menant au Royaume des Mères dont parle Jung, monde fait des souvenirs liés à la mère réelle, de l'imago de... celle-ci et de la Grande Mère prégénitale ; monde de la dépendance infantile, de l'irresponsabilité et aussi de la fusion où se perd l'identité si durement conquise.

Narcisse, au bord de sa source, meurt de n'avoir pu trouver ce qu'il cherchait, sans le savoir ni le pouvoir vivre : non une image de soi, mais une image du soi.

C'est aussi dans ces termes que Winnicott exprime la demande faite par ces enfants perdus : « Ils désirent qu'on les aide à trouver leur unité ou encore à atteindre un état d'intégration spatio-temporelle où il existe vraiment un soi englobant tout, au lieu d'éléments dissociés et compartimentés[15]. » C'est pourquoi en mettant l'accent sur cette composante de « retour à un état antérieur » comme valeur narcissisante, nous ne devons pas perdre de vue la visée qui la sous-tend : les expériences de symbiose narcissique enfant-mère, et avant elles, celles de fusion avec le monde prénatal, sont en fait des expériences de complétude, de totalité et, comme telles, elles constituent le soubassement du développement de la personnalité.

Mais il arrive qu'elles n'aient pu laisser de traces suffisamment positives et qu'à leur place s'installent alors des « blessures narcissiques », plus ou moins profondes, plus ou moins dommageables.

LE MIROIR BLESSÉ

Lia a 26 ans quand elle vient me voir pour la première fois, le visage entièrement caché par ses longs cheveux, elle parle d'une voix monocorde, sans timbre. Le récit qu'elle fait de sa vie révèle ses blessures. Rien n'y renvoie à un quelconque bien-être originel. Ses parents ont divorcé quand elle était toute jeune et sa mère ne pouvant l'élever l'a confiée à une grand-mère qui, à travers son récit, est vécue comme une véritable marâtre de Cendrillon. Plus tard, revenue chez sa mère, toute démarche créative ou amoureuse se solde par des échecs, soit que l'intérêt porté à ses entreprises retombe vite, soit que les circonstances, renouvelant les expériences de la « mère négative », ne la séparent à chaque fois de l'objet aimé. La drogue, les tentatives de suicide sont vécues comme des moyens de « sortir » du cercle infernal, des essais pour retrouver, fût-ce dans le néant, ce quelque chose d'essentiel qu'elle ne sait où se procurer.

Un jour elle m'apporte des dessins qu'elle a faits pour me faire plaisir. Dans l'un d'eux, d'énormes larmes coulent sur un visage immobile, et dans ces larmes se reflète une femme, elle-même, en pleurs. Dans un autre, c'est un visage entièrement morcelé ou réduit à un contour vague, sans traits. Puis apparaissent des dessins de jeunes femmes nues, perdues parmi des formes noires menaçantes.

Plus près dans le temps, elle dessine deux mains qui se rejoignent et s'ouvrent comme une fleur, révélant une forme féminine née au creux de leur ouverture.

Bien des mois passeront avant que Lia ne trouve un chemin vers son père. Elle parviendra à se procurer son adresse et tentera de le rendre existant dans sa vie, au moins en s'assurant de sa propre existence, à lui, ce qui vient combler le lieu où, enfant, il lui était interdit de même l'évoquer.

Au long de cette analyse, Lia, renouant avec ce quelque chose qui, en elle, avait toujours — et malgré tout — cherché à vivre, mais qui, pour s'actualiser, avait besoin d'être pris en compte par un autre — comme la mère le fait pour son enfant —, avait retrouvé la trame de son existence. Sans doute dans mon regard avait-elle pu découvrir une autre image d'elle-même que celle qu'avaient reflétée ses larmes, et une nouvelle assurance d'être qu'elle n'avait plus besoin de mesurer à ses retours à la vie, après ses tentatives d'autodestruction.

Le soi

> « La vie m'a toujours semblé être comme une plante qui puise sa vitalité dans son rhizome : la vie proprement dite de cette plante n'est point visible car elle gît dans le rhizome. Personnellement je n'ai jamais perdu le sentiment de la pérennité de la vie sous l'éternel changement. Ce que nous voyons, c'est la floraison — elle disparaît — mais le rhizome persiste. »
>
> Jung, *Ma vie*[16]

JUNG ET LE SOI[17]

Le soi fait partie de la conception actuelle de la personne, et l'on parle ici d'un soi biologique, là d'un soi immunologique[18], tout autant que d'un soi psychique. Pourtant à travers ces diverses approches, c'est bien autour du principe d'identité que l'on travaille, cherchant ce qui distingue un individu d'un autre, ce qui fonde sa singularité.

Jung, pour sa part, disait du soi qu'« il est tout nous-même, à la fois si étranger et si proche qu'il nous reste inconnaissable ». Esssentiel à notre être, il semble agir comme un régulateur de l'ensemble de nos fonctions, à condition que son action ait pu être reconnue et valorisée dès le début de la vie.

On suit ses effets à la façon dont il compense, recentre et regroupe les parts du moi qui auraient tendance à fléchir sous le poids des conflits existentiels. Jung lui reconnaît une base biologique, mais il insiste sur sa capacité à nous renseigner sur ces endroits où la psyché manifeste la vie. Nous pourrions alors concevoir le soi comme « un centre virtuel d'une complexion si mystérieuse qu'il est en droit de revendiquer les exigences les plus contradictoires, la parenté avec les animaux comme avec les dieux, avec les minéraux comme avec les étoiles, sans même provoquer notre étonnement ni notre réprobation », et encore : « C'est de lui que semble jaillir depuis ses premiers débuts toute notre vie psychique, et c'est vers lui que semblent tendre tous les buts suprêmes et derniers d'une vie »[19].

Pour Jung, le soi est donc tout à la fois transpersonnel et hautement personnel. C'est un centre psychique où l'individuel puise jusque dans le cosmos la source de ce qui l'informe. Ce « tout nous-même » est donc investi d'une énergie considérable. Jung la compare à la force du Mana (terme d'origine mélanésienne qui qualifie une puissance occulte généralement attribuée aux sorciers, medecine men, etc.). Cette énergie, que nous appelons aussi archétypique, a cependant besoin de s'allier au moi — littéralement de se « mettre-en-moi » — pour que se poursuive le projet d'individuation.

L'AXE MOI-SOI

Il arrive que le moi subisse par trop l'ascendant du soi, ou encore qu'il ne veuille pas renoncer à ses prérogatives. Il perd alors ses limites ou s'enferme dans des sentiments d'omnipotence triomphants : le moi est en pleine inflation. Cependant la tendance du moi à capter égoïstement cette énergie entre en compétition avec son autre tendance, adaptative celle-ci. Il peut en résulter de violents conflits, et ce, jusqu'au moment où le moi, renonçant à sa position narcissique qui le ferme sur lui-même, commencera, peu à peu, à intégrer des éléments de cette énergie, selon les besoins et les nécessités du projet qu'il sert. Le moi découvre, alors, qu'en croyant tout perdre — mais ce qu'il abandonne, ce sont des défenses archaïques —, il se trouve placé en relation avec ce non-moi qu'est le soi, dans un système qui n'est ni de domination ni de soumission, mais de réciprocités.

LE NARCISSISME, DU CÔTÉ DE JUNG

Si, comme nous l'avons vu plus haut, le terme même de narcissisme n'est pas utilisé par Jung, pourtant, au long de son œuvre, il nous parle abondamment, bien qu'autrement, d'« investissement narcissique ». Pour lui en fait, le destin de l'homme se joue entre la fusion (narcissique) et l'intégration dans le conscient de la libido (narcissisante). Fusion nécessaire et structurante des premiers moments de la vie assurant « l'essence du narcissisme », intégration élargissant les potentialités de la personnalité par l'apport de nouveaux éléments puisés dans les deux mondes, extérieur et intérieur, qui composent notre vie, et s'organisent à partir des exigences du soi, instance « narcissisante par excellence ». Nous savons par expérience que nous n'en avons jamais fini ni avec la fusion ni avec l'intégration. La fusion leurre par ce qu'elle offre de retrouvailles avec l'état bienheureux paradisiaque, elle attire, mais mortellement : l'illusion ne peut être réalisée. Sur cette voie seul le « souvenir » de l'état antérieur, à condition qu'il se déplace selon l'axe de l'individuation, c'est-à-dire qu'il se symbolise, a valeur narcissisante positive.

L'intégration, elle, se heurte aux défenses du moi. Celui-ci, nous l'avons vu, jouit des sentiments de toute-puissance que lui procure l'énergie narcissique. Combien profondément est recherchée cette omnipotence enfantine liée au bien-être originel ! Mais cette position ne peut être conservée sans dangers pour la personnalité. Il faut que le moi se sacrifie au soi.

Cela ne serait pas possible si le moi, en définitive, n'en retirait un plus grand bénéfice : celui d'un accroissement énergétique certain. En considérant le soi non plus dans un rapport de forces opposées, mais comme un allié, celui-ci devient « une sorte de compensation du conflit qui met aux prises le monde extérieur et le monde intérieur[20] ».

Changeant d'attitude, si le moi ne cherche plus à dominer ou à se défendre contre une domination éventuelle, il devient alors capable de « percevoir le soi », car, comme le note si justement Jung, « j'utilise à dessein l'expression "percevoir le soi" pour bien marquer combien la relation du moi au soi relève de la sensation ». Dans l'instant où le moi se place dans l'axe du soi, la personne éprouve en fait, et chacun peut en témoigner, un sentiment de plénitude et de bien-être, instant « narcissisant » où se puise le courage de vivre.

APPROCHE CLINIQUE : LE POINT DE VUE GÉNÉTIQUE

Une étude clinique des rapports entre le narcissisme et le soi prend appui sur les premières étapes de la formation du soi, en essayant de faire apparaître les conditions nécessaires à son développement, et les troubles résultant d'une mauvaise organisation de cette instance.

Or Jung, s'il reconnaît l'importance du prénatal et de la nostalgie des origines dans l'histoire de l'homme, n'a pas théorisé comment se structurait cette « mémoire » chez le jeune enfant. Son œuvre porte davantage sur la façon dont l'homme, devenu adulte, est poussé à poursuivre le processus d'individuation, c'est-à-dire à rendre conscient toujours davantage de soi — étant entendu qu'il faut considérer le soi comme un concept-limite, la totalité qu'il représente n'étant appréhendée empiriquement que partiellement par le conscient.

Pour autant Jung n'est aucunement coupé du narcissisme et nous le rejoignons lorsqu'il nous propose de considérer l'importance de la tendance à retrouver un « état originel » tout comme lorsqu'il conçoit le soi comme l'agent de la structuration du sujet ainsi que de sa restructuration lorsque certaines bases ont été mal assurées. À l'heure actuelle, les psychanalystes engagés dans des recherches sur ces blessures narcissiques vont dans le sens des hypothèses formulées par Jung. Et si je cite, là encore, B. Grunberger, c'est que ses propositions recoupent les nôtres : « L'essence du narcissisme existe dans "le souvenir d'un état élationnel privilégié et unique" ainsi que dans le bien-être lié à ce souvenir, en tant que complétude et toute-puissance », ou encore ceci : « L'état narcissique primitif n'est pas la fusion narcissique mère-enfant, mais la fusion de l'enfant avec son monde qui, pour lui, est le monde[21]. »

LE MONDE PRÉNATAL

Ce monde, qui pour lui est le monde, de quoi donc est-il fait ? Tentons-en l'approche. Voici le monde prénatal, aquatique, chaud, obscur, sonore... d'où nous ramenons ces étranges rêves, que nous essayons parfois de recréer aussi dans notre vie, comme le fait cette jeune femme qui clôt ses volets dans la journée, se blottit sur un lit parmi un amoncellement d'objets familiers qui feutrent les bruits, mais l'environnent de toutes parts d'une présence sécurisante. Ou cette autre qui rêve d'une promenade sur une plage ensoleillée, en compagnie de sa mère, au cours de laquelle celle-ci lui dit : « Te souviens-tu comme nous "y" étions bien ? »... Et encore cet homme qui, lui, se voit en rêve, nageant dans une mer bleue, merveilleuse, au plus loin de la plage, et se laissant couler dans une ivresse d'abandon... Préfiguration de ce « Grand Bleu » que le cinéma vient de proposer à nos rêves nostalgiques !

Mais encore plus loin dans le passé, voici venir dans nos rêves des paysages de terres anciennes : les grandes forêts primitives, les déserts de sable, les vastes étendues d'herbe, d'où l'on voit surgir des bêtes que nous ne voyons plus guère qu'au zoo ou au cinéma, bêtes en liberté qui nous approchent avec crainte, surprise et parfois, ô joie, familiarité. « Dans cette réanimation de l'impression de la nature, nous reconnaissons la réapparition de très lointaines et très puissantes impressions faites par elle et que ne peuvent dominer que les impressions plus fortes que l'enfant reçut de sa mère. L'éclat de son sentiment est transféré sur les objets qui entourent l'enfant, et dont partiront plus tard les sentiments magiques et bienheureux, propres aux souvenirs de la très lointaine enfance[22]. »

LE SOI ORIGINEL

Ce monde prénatal fait donc, en quelque sorte, partie de notre équipement inné, et le voici tout prêt à renaître, cheminant à travers les représentations les plus propres à l'évoquer. À condition, bien sûr, que ce prodigieux potentiel psychobiologique qui nous constitue puisse trouver dans la vie les éléments nécessaires à son actualisation. La notion d'un soi originel, matrice du devenir d'un être qui s'individue, rend compte de cette organisation complexe qui sous-tend le projet humain. C'est pourquoi son développement ainsi que la constitution d'un moi qui en témoigne évoluent en fonction des matériaux de signification qui lui sont fournis par le milieu dans lequel il croît, milieu lui-même constitué par tout un réseau de montages conscients et inconscients où l'individuel et le collectif s'entrecroisent, et dont chaque élément représente autant d'inconnues pour celui qui va s'y trouver confronté. Certes l'utérus est le milieu originel de tout être, mais si l'acte de la naissance a pu être qualifié de situation originaire[23], c'est parce que la rencontre entre le nouveau-né et le monde des adultes constitue la confrontation initiale autour de laquelle va se construire l'histoire d'un individu. Désormais, en effet, la forme de relations qui s'instaure inaugure un échange de signaux chargés de significations, échange qui ne finira qu'avec la mort. Attiré par cet autre dont il attend, et reçoit, les soins indispensables à sa vie, l'enfant est en même temps affronté à un inconnu qui éveille en lui une peur instinctive. Cette peur qui lui sert à différencier le connu de l'inconnu ne cessera désormais d'accompagner toutes ses expériences. Pris entre le désir d'y échapper pour retrouver le bien-être de son milieu d'origine et celui, tout aussi impérieux, de la curiosité que lui impose son programme de développement, l'enfant oscillera entre ces deux tendances, tout d'abord sur un mode à prévalence instinctuelle (recours au sein, au sommeil, recherche de contact, de la chaleur, etc.), sur lequel, peu à peu, les organisateurs inconscients vont imprimer la marque de leurs destins psychiques. Ce serait donc parce que cette situation originaire préside à toute expérience humaine que cette double tendance, celle qui pousse à retourner vers la mère d'origine, et celle qui ouvre au processus d'hominisation, accompagne tout devenir humain. Or, chacune de ces tendances va rencontrer les circonstances qui en favorisent, ou en contrarient l'élan. La prédominance de celle qui sert l'individuation sera plus ou moins fortement marquée selon l'importance, et la qualité, des expériences qui auront pu être intégrées au conscient, par rapport à celles qui n'auront pu l'être.

SES TRACES DANS L'ANALYSE

Toute analyse nous conduit sur les traces de ces moments qui ont jalonné les vécus de la situation originaire, mais la façon dont elles sont remémorées en séance, le mode sur lequel nous les percevons, jusqu'au bruit des lointaines déflagrations qu'elles ont occasionnées au passage, ne manquent pas de susciter, à chaque fois, cette attention particulière par quoi nous reconnaissons, en nous, les échos de ces premières expériences. L'angoisse, prélude à ces retrouvailles, signal somatique du mal-être contemporain des vécus non reliés à un système de significations capables d'assurer une cohérence structurante, marque toujours la part d'inconnu restée béante sur le chaos primitif. Comme dans ce rêve où le rêveur se trouvait dans un souterrain, au milieu d'une chaîne d'hommes se tenant par la main, mais dans laquelle des morts alternaient avec les vivants. Il était dit que pour rejoindre la surface de la terre (le monde des vivants), il fallait rompre cette chaîne, se libérer du poids des morts et les abandonner sur place.

CHAPITRE II

LES PRÉMISSES DU SOI

La question des origines

Si nous cherchons à savoir toujours plus, à comprendre davantage, à faire du connaissable avec ce qui n'en est pas, ce n'est pas tant pour satisfaire l'orgueil de savoir — encore qu'au passage la jouissance très particulière qui trouve là son compte puisse faire illusion — que parce que nous y sommes poussés par la nécessité d'être. La question de l'origine qui se profile derrière cette quête nous passionne dans la mesure où chacun y cherche les traces de son existence, l'explication de ce qui la fonde, et la racine de toute connaissance. Obstiné dans cette démarche, parce qu'il est obstiné à vivre, l'homme, au fil des temps et de son histoire, se sent tenu de comprendre et d'expliquer le sens de sa vie. En apprenant à s'orienter dans un espace-temps, qui se construit dans la mesure même où il le définit, l'homme se découvre coexistant d'un monde qui vient à lui à travers ce qu'il en perçoit. Mais cette découverte d'être-au-monde, qui commence dès le premier cri par lequel le bébé s'ouvre à ce milieu qui le baigne, ne peut se développer, nous venons de le voir, que dans un jeu d'échanges mutuels. Ce n'est, en effet, qu'à cette condition que les besoins du « soi originel » vont pouvoir s'actualiser et fournir au moi l'énergie nécessaire à son devenir de sujet individué.

LE SOI PRIMAIRE

À l'origine, cette potentialité d'un soi individuel est, en quelque sorte, confiée à la mère qui en constitue l'assise sécurisante et l'assure dans ses fondements narcissiques. Les jungiens, à la suite des travaux de M. Fordham et d'E. Neumann[1], ont appelé « soi primaire » la constitution de cette étape, qui se centre autour de la relation « archaïque »[2] mère-enfant. Lorsque cette étape ne peut être vécue selon son schème organisateur, la composante individuelle du moi ne parvient pas à opérer sa nécessaire différenciation d'avec ce que la mère en contenait, et l'énergie du soi demeurera, alors, liée à celle de la Mère archétypique, cette « Grande Mère » des origines, dont je parlais plus haut. Redevenant « la mère de tout », mais sur son versant négatif, elle cesse d'assurer le projet de vie pour enfermer dans le piège mortel de l'éternisation.

Cependant chez ceux qui souffrent de ces défauts d'organisation, nous découvrons aussi les extraordinaires tentatives que fait le soi pour préserver, ou conquérir, son autonomie : faux soi destinés à leurrer l'adversaire, fonctionnant comme autant de miroirs déformants, opaques au véritable soi ; défenses autistes et autres dissociations psychiques, protégeant ce qui, du soi primaire, a pu être constitué, même très précocement. Et c'est autour de ces premières étapes que va s'organiser le travail analytique, en tentant de relier les parts saines du soi et celles restées « séquestrées », pour les libérer de l'emprise de la « Grande Mère », infantilisante parce que faussement protectrice, et, à ce titre, combien redoutable !

Quant à l'intégration normale des éléments du soi par un moi en évolution, elle s'opère à travers des expériences archétypiques, modèles d'être-à-vivre pour le petit d'homme en devenir. Parmi celles-ci, si les vécus relatifs à ce que Freud a appelé « la scène primitive » constituent une série privilégiée, c'est parce qu'ils touchent à la question des origines.

LA SCÈNE PRIMITIVE

Les études que J. Laplanche[3] a consacrées aux divers scénarios qui la composent, sont riches d'enseignements, même si nous n'en formulons pas toujours les approches conceptuelles de la même façon. Si tout le monde est d'accord sur l'innéité de l'équipement qui rend le petit d'homme apte à s'organiser face à l'inconnu, y compris sur sa capacité à susciter des synthèses de protection, par contre la notion d'archétype reste encore difficile à faire partager, du moins sous ce terme d'archétype ! Pour notre compte, elle désigne ces processus inconscients qui relient l'expérience individuelle à son soubassement collectif (i.e. archétypique), dont témoignent, entre autres, les motifs mythiques qui font irruption dans notre champ de conscience, à notre grande surprise. Nous pourrions encore rappeler que l'homme est poussé d'une part à produire des « formations de l'esprit » et, d'autre part, qu'il doit tout aussi impérativement leur trouver une application dans son milieu. Et, de plus, que cet acte doit être chargé de significations conformes au modèle archétypique constellé dans le temps et le lieu où il est actif, en bref qu'il s'inscrit dans une culture. La question des origines relève, pour sa part, de cette organisation, et nous allons la suivre sur le versant de la scène primitive.

CE QU'EN RÉVÈLE L'ANALYSE

Il nous faut, tout d'abord, constater qu'il n'y a pas d'analyse sans qu'elle s'y profile, à un moment ou à un autre. Comment douter de son existence, lorsque nous voyons surgir ce quelque chose, image et (ou) émotion, qui, remontant le cours de bien d'autres vécus sur un mode répétitif, vient buter sur son point de départ, le coït parental, puisque c'est lui qui fournit la matière première des divers scénarios qui la mettent en scène ? On a dit, à juste titre, que le manque de repères qui rend cet acte non signifiant ne provient pas tant de l'absence de moyens d'appréciation de l'enfant qui en est le témoin, que de ce qui se vit à ce moment dans l'inconscient des parents et qui en est perçu par l'enfant. Je pense, par exemple, à cette petite fille qui s'était jetée sur le divan de ma pièce, et, se frappant la poitrine avec ses poings, me criait « Bats-moi, bats-moi » ! La violence dont elle avait saisi chez ses parents les signaux, restés apparemment inconscients, l'avait marquée d'une empreinte encore vivante bien des années après. Nous pouvons observer combien cette forme de scénario dans laquelle prédomine la violence est fréquemment évoquée dans notre pratique, comme chez ces femmes qui se font passivement violenter, dans une soumission inconsciente à un phallus archétypique, que leur partenaire est chargé de tenir. Dans l'analyse, nombre d'analysants des deux sexes retrouvent, enfoui au plus profond de leurs mémoires, psychique et somatique, l'endroit non protégé, resté exposé à cette violence archaïque, qui se réactualise sans cesse dans leur être sexué et à travers leurs comportements.

LES IMAGES QUI LA METTENT EN SCÈNE

Le mythe de Narcisse, dans lequel sont relatées les circonstances dans lesquelles cette scène primitive fut jouée, illustre tragiquement un scénario poussé à l'extrême, ici agi dans la réalité : mère violée, père violeur. Il montre les conséquences du non-sens de cette situation : Narcisse, malgré ses efforts pour se reconstituer sur sa seule image, qui tout à la fois le double et le dédouble — mais dans le même et non le différent —, ne trouve pas l'issue vers la vie. Certes, une telle scène primitive peut se terminer autrement ! Quant à la violence sexuelle, si elle n'est pas forcément réellement agie, elle n'en reste pas moins redoutable. Il est d'ailleurs fréquent de retrouver cette violence originaire chez ces patients qui souffrent de ce que Kohut a nommé une « névrose narcissique ». Par ailleurs, il semble que le dommage subi soit d'autant plus grave que le modèle parental, ainsi mis en scène, s'écarte davantage du « modèle » constellé dans la culture du sujet. Ce qui veut dire que lorsque ces parents sont eux-mêmes pris dans un non-sens transmis par leurs lignées, cette in-signifiance, faute d'une prise de conscience qui rompe cet enchaînement, ne peut transmettre le sens.

L'ANDROGYNE

La figure de l'androgyne fait souvent son apparition au fil des représentations qui se sont organisées autour de ces scènes primitives. Elle rend compte de l'intrication des mouvements énergétiques primordiaux, passif-actif, qui s'expriment dans la double polarité masculin-féminin, habituellement projetée à l'extérieur sur l'homme et la femme et donc, ici, sur le père et la mère de la scène primitive. Lors de certains défauts de structuration du soi primaire, une tentative pour trouver un sens à une scène primitive défaillante consiste à créer une sorte d'image de « parents combinés », sur laquelle le sujet pourra s'appuyer pour construire son identité. L'androgyne participe de cet effort pour trouver une explication au mystère des origines, bien que, ici, sur un mode encore narcissique.

LES IMAGES THÉRIOMORPHES

Mais nous pouvons tenter de remonter encore plus loin dans cette recherche des traces laissées par cette expérience archaïque. Déjà plus confuses, parce que plus proches des éprouvés émotionnels où elles se sont formées, voici des images thériomorphes, certaines participant des deux ordres, l'humain et l'animal, comme dans ce rêve où apparaissait un être féminin, à corps de crevette mais à tête humaine, mis à cuire dans le pot-au-feu familial ! Pour d'autres, la forme émerge à peine de la terreur qui l'a fait naître. Tel ce rêve : quelque chose qui s'agite dans un coin sombre et dont le battement sourd sur le sol annonce l'approche d'un danger inconnu, puis la lumière surgit et, en perçant les ténèbres, elle révèle, tapie dans un coin, une sorte d'araignée dont les yeux semblent guetter la proie. Cette figure, si communément représentée, comporte, en outre, des éléments plus complexes, dont certains se rapportent à la scène primitive. En effet, lorsque la gesticulation des membres mêlés des partenaires de l'acte sexuel vient se confondre avec l'excitation émotionnelle qu'elle provoque en retour chez un spectateur trop peu mature pour la contenir, elle génère de violentes angoisses. L'araignée et sa vélocité renvoient à cette angoisse. La répulsion ressentie devant l'araignée est associée à sa façon d'attraper sa proie. Ainsi se trouvent réunies dans la même figure la fascination passive et la tension active vers la source même de l'excitation.

LES VÉCUS ÉMOTIONNELS

Enfin si nous voulons rejoindre le vécu, au-delà des représentations qui en signalent le trajet et ses modalités d'intégration au conscient, il nous faut écouter l'organisation émotionnelle elle-même, là où elle est restée liée à cette situation archétypique. Lorsque, dans l'analyse, la régression est parvenue à cette étape, c'est dans le transfert et le contre-transfert que se vit cette écoute. Il arrive ainsi que nous soyons mis en présence de diverses somatisations, qui témoignent à leur façon de ce lointain passé. Le mode hystérique en est bien connu, encore que le repérage de ce qu'il peut dissimuler n'est facile ni à saisir ni à prévoir, quant aux failles qu'il tente d'occulter. Il est encore d'autres cheminements, plus insidieux, qui s'attaquent à l'organisme même, dernier rempart de cohérence, et il faut parfois des années avant que ne se révèle au grand jour la blessure jadis infligée à l'intégrité somatique, à ce soi-corps alors si fragile.

Ces quelques figures placées sur la voie des origines nous permettent d'effectuer des repérages quant aux étapes constitutives de l'axe moi-soi sur lequel prend appui l'individuation du sujet, et, donc, ainsi, de jalonner les étapes de la régression. À travers elles, nous saisissons encore combien l'identité sexuée est déterminée par la position des représentants psychiques du masculin et du féminin qui inscrivent dans notre inconscient un signe opposé à celui de notre sexe biologique. Ainsi, dans la conception jungienne, nous dirions que la scène primitive se joue tout autant avec l'animus et l'anima des partenaires qu'avec leurs réalités sexuées, tout autant avec la conjonction des opposés qu'avec leur nécessaire séparation.

LES MYTHES D'ORIGINE : L'ENFANT DIVIN

Nous pouvons encore faire une autre approche de la question des origines en faisant appel au mythe et en l'interrogeant sur sa capacité à nous transmettre des significations chargées d'un sens resté vivant. Kerényi, en contrepoint de l'œuvre de Jung, nous apporte une intéressante contribution dans son étude sur *L'Enfant divin*[4]. Il y montre l'importance du motif de l'enfant abandonné ou orphelin. Restant dans le mythe, il laisse de côté l'aspect personnel de la question qui renverrait au vécu du nouveau-né, sorti de son milieu originel pour être propulsé dans l'inconnu. Toute sa démonstration est, en effet, centrée non sur l'origine individuelle de cette figure, mais sur son origine cosmique : ainsi, elle rendrait compte de « l'enfance du monde », ou encore de l'avènement d'une conscience perçue comme cet enfant « issu du monde, en même temps qu'abandonné par lui ». On voit combien les deux origines, l'individuelle et la collective, se répondent et comment elles s'expriment dans une culture donnée, comme en témoignent les mythes correspondants.

Dans notre pratique, ce retour aux origines se vit dans la régression, qui, selon la formule de Jung, dépasse les contenus de l'histoire du sujet pour « atteindre le monde originel des possibilités archétypiques dans lequel, entouré des images de toutes créatures, l'enfant divin attend en sommeillant de devenir conscient »[5]. Si le retour vers l'origine veut dire quelque chose, c'est là qu'il prend son sens. Que le « renaître » du mythe soit figuré par cet enfant — dont, rappelons-le, Kerényi disait qu'il représentait la forme énergétique de l'origine du monde — semble naturel, mais ce qui reste mystérieux est qu'il le *soit*. Compensation ? Sublimation ? Beaucoup plus encore, car si l'image, ici, figure quelque chose des ressources de l'humain, elle l'exprime sur un mode tellement jaillissant qu'on ne peut s'empêcher d'évoquer l'énergie des commencements. On peut alors comprendre « l'enfant divin » comme l'autre face de celui qui figure en tiers exclu dans le scénario de la « scène primitive », dont il serait la composante archétypique. Et dont nous savons que s'il veut naître à son destin historique, il doit sortir du temps originel et sacrifier, au passage, ses rêves d'éternité. Ce que n'a pu réaliser Narcisse, et ce contre quoi continuent à se débattre ses enfants.

AU TEMPS DES ORIGINES

Que le temps du mythe soit resté vivace dans notre inconscient, nous le savons bien, et nous avons déjà dit comment, en suivant la façon dont il chemine et marque par des effets saisissants l'action de sa puissance, nous sommes obligés de tenir compte de lui. Mais que nous enseigne-t-il, ici, plus particulièrement par rapport à la question des origines ? Peut-être, tout d'abord, rappelle-t-il que les mythes cosmogoniques, qui rendent compte de la création du monde, et les mythes d'origine, chargés d'établir les modèles de vie, ont placé l'« acte » en position centrale, puisque, par définition, l'origine de la réalité provient de l'activité même du créateur ?

On sait que les sociétés traditionnelles se sont organisées autour de cette conception du monde dans laquelle l'acte initial devenait le modèle de tout acte à venir, d'où l'importance attachée aux conditions de sa recréation et la place réservée aux rites dans les cérémonies d'évocation où ils étaient chargés de le reconstituer. Ce n'était, en effet, qu'en accomplissant les rites que l'on pouvait se retrouver « comme au commencement » et participer, par là, aux pouvoirs du créateur : pouvoir par exemple de régénérer et de guérir l'homme, tout autant que son entourage, plantes et animaux compris[6].

LES RITUELS DE GUÉRISON

Mais comment fonctionnait le rite, dans ce temps où le mythe était vivant ? Prenons telle cérémonie organisée en vue d'obtenir la guérison d'un malade : ici, on commençait par dessiner sur le sol des motifs traitant de la création du monde. En contemplant ces dessins, le malade parvenait à un autre état de conscience où, déconnecté de la réalité extérieure, il se trouvait, en quelque sorte, projeté hors du temps profane et, par là même, réinséré dans le temps originel, le temps créatif. Pourtant, pour obtenir la guérison, le malade devait aussi faire un sacrifice — le sacrifice étant la matière même de l'échange entre les deux ordres, celui de l'humain et celui du sacré —, et ce qui devait être ainsi sacrifié, sur un mode symbolique, c'était ce qui était mort, vieux, malade, assorti ou non de la notion qu'il s'agissait de quelque chose qui avait « contrevenu à l'ordre du monde ».

Dans cette façon de considérer la maladie, l'usure du temps et donc son épuisement énergétique devaient être pris en compte (notions qui vont de pair avec celle du monde organisé sur le mode cyclique, où ce qui naît et ce qui meurt suit un parcours de régénération et de renaissance, d'où pour se guérir la nécessité de revenir en arrière vers le « commencement du monde »). Pour être cohérent avec cette conception du monde, l'homme ne cherchait pas à réparer la vie dans le temps présent, où elle apparaissait pourtant malade et défaillante — comme le tente la médecine de nos jours. Une telle façon d'opérer aurait semblé, à l'homme de ce temps du mythe, insensé en comparaison avec ce qui lui était offert : la possibilité de retourner au temps des origines et d'y retrouver l'énergie des commencements.

LE RECOURS À L'ORIGINE

Certaines pratiques dérivées de cette conception sont restées vivaces jusqu'à nos jours. Elles ont pour but de faire revivre le temps de l'origine en évoquant le passé au plus loin des souvenirs psychiques et somatiques afin de renouer avec les vécus émotionnels des premiers temps. La visée thérapeutique de ces pratiques étant toujours d'épuiser l'énergie du vieux et du malade, de la « brûler » en quelque sorte, comme dans les anciens rites sacrificiels, afin de « renaître libéré ».

Et l'analyse, pour sa part, ne se retrouve-t-elle pas, elle aussi, à certains moments, engagée dans des pratiques qui font écho à celles de ces anciens temps ? Lorsqu'il s'agit de libérer le moi des parts « vieilles et malades » qui entravent son développement, ne recourt-elle pas aux aux abréactions émotionnelles, libératrices des souffrances enfermées au plus profond de la mémoire, jusque dans l'inconscient des générations précédentes ? N'essaie-t-elle pas de placer l'analysant face à ce qui, en lui, aurait « contrevenu » à son projet du soi, façon subjective de parler de l'ordre du monde ? N'est-elle pas attentive à ce qui émerge au cours du parcours analytique, et à ce qui en favorise l'expression, même, et à plus forte raison, lorsque les matériaux ainsi produits sortent du domaine de l'ordinaire ? Je pense, ici, plus particulièrement, à ces dessins dont l'origine remonte à ces temps où ils prenaient place dans les cérémonies de guérison, les mandalas ou images du monde, symboles de l'*Unus Mundus*. Mais alors que, jadis, il s'agissait d'opérer une réinsertion dans un collectif d'appartenance, l'analyse, aujourd'hui, œuvre pour une différenciation d'avec ce même collectif et pour une intégration de ces contenus symboliques dans une conscience individuelle.

Je me souviens de mon étonnement la première fois où, au cours d'une thérapie d'enfant, je contemplai de tels dessins. La forme initiale était une rosace à douze branches, qui occupait la page entière. Puis cette rosace, comme ces roues de vie tibétaines, devint la matrice de scènes représentant des plantes, des animaux, des objets usuels, préparant la venue de créatures humaines. Ces dessins jaillissaient à intervalles irréguliers, puis ils allèrent en s'espaçant avant de disparaître complètement.

Les adultes, à certains moments de leur parcours analytique — et Jung, tout le premier, en avait fait, pour sa part, l'étonnante expérience —, recourent, eux aussi, instinctivement, à de telles formes qui, en les reliant au « centre du monde », leur font retrouver le chemin de leur propre soi.

FIGURES DU MONDE

Ainsi de cette jeune femme qui errait dans la vie sans trouver à quoi accrocher un quelconque espoir d'être, la boisson, le tabac et les amours de rencontre remplissant son vide. Puis, un jour, elle se retrouva devant une table avec du papier et des crayons. Sans trop savoir pourquoi — était-ce le silence de la pièce ? —, elle s'essaya à dessiner. Bientôt cette activité occupa la plus grande partie de ses journées. Pendant des heures, au long des semaines, elle dessinait mandala après mandala, puis de grands motifs mythiques firent suite à ces « figures du monde ». Et, peu à peu, cette échappée dans ce monde originel lui procura de nouvelles énergies qu'elle put investir dans sa vie.

Mais il arrive que ce retour aux origines n'ait pour unique

but que de participer au nirvana, et non de renouveler les énergies du moi. En voici un exemple : il s'agit d'une toute jeune fille qui, mise en pension, ne parvenait pas à assumer l'épreuve de séparation. Incapable d'une quelconque révolte, et impuissante à faire entendre sa détresse, elle avait imaginé de meubler son isolement en dessinant. Mais cette activité devint, pour elle, un véritable rite qui lui permettait de franchir l'espace entre la réalité quotidienne et le monde du « Grand Bleu ». Pour parvenir à cet état, elle dessinait de petits motifs géométriques en noir et blanc de plus en plus petits jusqu'au minuscule. La contemplation du dessin la faisait complètement « planer » pendant un moment dans la complétude d'avant les commencements.

Les rites qui tentent le retour aux origines passent également par des mises en acte, dont le but est aussi de remonter le cours du temps. Ils sont fréquents dans l'analyse. Séjours sous les tables, dans les placards, enfouissements au creux des coussins, le corps lové en position fœtale — et il n'y a pas que les enfants pour jouer ces mises en scène. Mais toutes ces positions, parfois répétées séance après séance, participent du même processus inconscient : revenir symboliquement dans le ventre de la mère, non pour y demeurer, mais pour en renaître, régénéré, chargé d'énergie nouvelle. Et, effectivement, à chaque fois, l'acte joué dans la relation transférentielle qui en assure le sens libère du soi et permet son intégration par le moi.

Le jeu du soi

LA CRÉATIVITÉ DU JEU

Le jeu est resté, pour Jung, au long de sa vie, cet espace privilégié où sa pensée venait se reposer d'une trop active tension et retrouver la source de son élan créatif. Ce que Jung nous livre de cette expérience, et bien qu'il ne l'ait pas directement relié à une réflexion clinique, demeure au cœur des recherches psychanalytiques les plus modernes sur ce qui constitue l'espace créatif. Parmi celles-ci, les formulations de Winnicott sont particulièrement en résonance avec notre pratique. Quand il avance : « C'est en jouant et peut-être seulement quand il joue que l'enfant ou l'adulte est libre de se montrer créatif », et « C'est seulement en étant créatif que l'individu découvre le soi »[7], il nous invite en effet à considérer le jeu comme une véritable expérience d'être au monde. Dans cette zone intermédiaire où il opère, le jeu, tel que Winnocott le conçoit, est un exercice de confrontation entre les objets internes et la réalité extérieure ; il offre, par là même, à celui qui s'y livre l'occasion de s'éprouver comme « une personne entière ».

Pour nous, le jeu du soi commence dès le premier mouvement de la vie.

LE JEU DES OPPOSÉS

Jeu qui débute avec les premiers mouvements, passif-actif, creux-plein, contenant-contenu, ébauches des opposés primordiaux masculin-féminin, jeu qui avance ses pions à la recherche de l'heureuse conjonction qui en accomplira le destin archétypique. Ainsi la bouche du nourrisson qui s'ouvre au mamelon qui le pénètre, la langue qui en éprouve la ferme élasticité et en fait un objet de délice s'il est associé au regard d'amour de la mère donnant le sein ou le biberon, ou le transforme en objet dur et repoussant si son complément chaleureux fait défaut, forment une suite de rencontres d'opposés qui se réunissent en une totalité qui en assure le sens. À juste titre F. Tustin[8] en parle en terme de Gestalt, ce que nous traduisons, pour suivre le schéma de Jung, par « modèle de comportement » *(pattern of behaviour)*.

Il est intéressant qu'une telle « image » soit associée par F. Tustin à ce qui est, pour nous, une métaphore classique du soi jungien. Quand elle écrit[9] : « On ne voit pas pourquoi la gestalt du bouquet des sensations du mamelon-langue, associée aux yeux rayonnants de la mère donnant le sein, ne pourrait pas être ressentie comme une espèce de pierre philosophale transmuant les choses viles en une perfection sublime », elle s'interroge, et nous avec elle, en même temps sur le sort de cette perfection et sur l'impérieux projet qui y demeure lié. Comme elle, nous pensons que c'est la perte de ce qui a été, et reste à jamais disparu, qui devient « l'inquiétant aiguillon de la recherche de la pierre philosophale ». Cette quête, une fois dépouillée d'un narcissisme trop clos sur lui-même, deviendra alors l'essence de « notre goût pour la beauté et notre sensibilité esthétique », jeu que ne peut déployer le soi lorsqu'il est insuffisamment investi de libido d'origine (narcissisante).

L'INCARNATION DU SOI

Rappelons que pour Jung le soi est tout à la fois une image de l'origine et une visée vers quoi tend tout projet créatif, ce pourquoi le vécu de totalité des premières expériences entretient le désir de le retrouver tout comme de s'en détacher. Ce que résume bien cette formule : « L'élan vers l'individuation rassemble ce qui était dispersé et multiplie et l'élève à la figure originelle de l'UN de l'homme primordial[10]. »

Encore faut-il que ce premier vécu de totalité ait laissé son empreinte dans le corps, pour que le soi puisse jouer son jeu. Jung en reconnaît toute l'importance lorsqu'il écrit : « l'intégration ou incarnation du soi... ». Sans doute n'a-t-il pas élaboré une théorie du soi-corps, qui sera faite ultérieurement, et, s'il a cherché le sens de l'archaïque le long de « matrices linguistiques » formées par les images originelles et non à partir de l'éprouvé du corps, il donne cependant pour point d'origine à celles-ci « un temps où la conscience ne pensait pas encore mais percevait[11] ».

L'ESPACE DU JEU

Et maintenant si nous voulons examiner d'un peu plus près comment la créativité du soi peut être placée sous le signe du jeu, il nous faut nous-mêmes entrer dans le jeu et le rejoindre dans l'espace où il s'exerce.

Je joue avec Éric, 16 mois. J'ai placé devant lui un petit flacon contenant un bouton rouge. Éric marque tout de suite son intérêt : il prend le flacon, regarde l'objet rouge qui se trouve dedans, avance un doigt et se met à gratter la paroi comme pour éprouver la réalité de l'obstacle qui le sépare de l'objet convoité, puis il enfonce le même doigt dans le goulot, hélas trop profond ! Il me regarde alors d'un air interrogateur et, devant mon encouragement à poursuivre, il reprend le flacon, l'agite vigoureusement et réussit à en faire jaillir le bouton. Quelle joie ! Du coup le voilà possesseur du merveilleux bouton rouge mais aussi maître de son destin, depuis qu'il a découvert qu'il peut à volonté l'introduire dans sa prison de verre et l'en faire sortir.

Le même jeu proposé à Olivier suscite de tout autres réactions. Tout d'abord il regarde, apparemment sans les voir, les objets placés devant lui, puis comme par inadvertance, mais d'un geste violent, il balaie le flacon de la table, se rejette en arrière et crie. Quelle menace représente donc ce jeu pour Olivier et d'où vient qu'Éric éprouve un tel plaisir à le reproduire ? Éric retrouve-t-il dans ce mouvement de va-et-vient quelque chose de ses sensations originelles vécues dans un bonheur d'être qu'Olivier n'a pas connu ? Est-ce le chemin qui permet de participer à l'éternel jeu du monde ? Ainsi devait déjà danser Shiva, qui d'un pied faisait jaillir de terre les germes de vie qu'un autre pas de sa danse écrasait... Alors que pour sa part Olivier évoquerait plutôt pour moi ces mythes des premières cosmogonies dans lesquels un poteau dressé délimitait l'espace créatif de vie, avec pour corollaire, s'il se cassait, de replonger l'espace et tous ceux qui s'y trouvaient dans le chaos originel [12]. Éric et Olivier, pour revenir à leur histoire, nous font remonter le temps jusqu'à ces premiers instants où « les yeux rayonnants de la mère » donnent aux sensations du bébé un avant-goût de la pierre philosophale et le désir d'en poursuivre la quête. Olivier a, sans doute, lâché quelque part ce fil d'Ariane dans son parcours du labyrinthe, tout comme Sylvie qui, à certains moments, commençait à loucher et à grincer des dents en agitant ses mains devant sa figure, marionnettes d'une danse incompréhensible ; ou Paul qui s'enfuyait de la pièce où il était pour courir dehors et se figer, la face levée vers le soleil, dans une sorte d'extase où il se pétrifiait ; ou encore Gilles qui accueillait mon approche en se mettant à saliver, jouant à faire des bulles avec sa bouche comme un tout-petit, ou à se barbouiller de sa salive en enduisant tour à tour ses mains et la table placée devant lui... Et cependant chacun de ces enfants s'efforçait d'approcher de ce lieu où le jeu commence.

L'ESPACE INTÉRIEUR

Winnicott parle d'« espace potentiel » pour qualifier ce qui s'est organisé entre la mère et son bébé et qui n'est ni le monde du dedans ni le monde du dehors. Cette notion pourrait nous aider à définir celle d'espace intérieur dans la perspective du jeu du soi. Nous pourrions concevoir cet espace comme le mode d'action de l'énergie créatrice du soi œuvrant pour la transformation du couple d'opposés masculin-féminin, couple dont nous avons suivi les premières tentatives d'union à travers les efforts du bébé pour constituer ses objets de vie. Est-il nécessaire de rappeler que « cet espace potentiel » se forme avant tout dans le jeu relationnel des corps et que le destin de ces expériences se poursuit dans les vécus émotionnels et les choix pulsionnels qui vont s'organiser en complexes (au sens jungien du terme) ?

LE SENS DU JEU

En choisissant de placer la créativité de l'œuvre avant les défaillances de parcours, c'est peut-être qu'avec Jung je garde « l'espoir anxieux que le sens l'emporte sur le non-sens ». Ce souhait, qui se fait pour nous visée thérapeutique, demande à être constamment engagé dans l'action analytique et soumis à l'épreuve de la réalité relationnelle qui lui donnera, ou non, raison. Nous ne sommes d'ailleurs pas les seuls à envisager l'innéité d'un sens qui orienterait le projet de vie.

Les recherches sur l'autisme, et celles qui se sont dirigées vers les expériences fœtales et les vécus qui accompagnent la naissance postulent aussi l'existence « d'une tendance immédiatement présente à donner un sens aux émotions les plus élémentaires, mouvement qui peut être considéré comme contrarié, dès avant la naissance, par la défaillance de la mère à constituer un "contenant" fidèle[13] ». Nous retrouvons ici cette notion de contenant comme déterminant majeur de la mise en place de la tendance innée, et celle de souffrance désorganisatrice accompagnant l'échec de cette même tendance à regrouper les toutes premières excitations sensorielles en ensemble ayant un sens. Lorsque Jung, pour sa part, place « le soi en donnée existant à priori » et qu'il ajoute « ce n'est pas moi qui me crée moi-même. J'adviens plutôt à moi-même »[14], ne rejoint-il pas cette proposition ?

LES DÉVIATIONS DU SENS

Les observations de F. Tustin concernant l'objet autiste[15] éclairent certaines manifestations archaïques rencontrées au cours d'analyses d'adultes et permettent de suivre les traces de la constitution de l'objet au plus loin des régressions profondes où elles semblaient se perdre.

Pour notre part, nous partons d'un concept de soi relationnel, de ses défaillances, des défauts de constitution de l'unité primordiale. Tout comme ces enfants autistes errant à la recherche de l'objet et de l'espace transitionnel et qui créent leurs propres objets durs et leurs propres « contours » sensoriels destinés à leur tenir lieu d'objets primaires, les défaillants du soi relationnel, incapables de déboucher sur une véritable relation d'altérité, ébauchent, dans l'analyse, leurs propres essais créatifs, et nous retrouvons chez eux les traces graphiques, les formes primordiales ainsi que les rythmes élémentaires qui, pour Jung, ont organisé les premiers battements du temps libidinal. Notre expérience clinique nous conduit à penser que ces sujets, qui n'ont pas eu accès à l'espace potentiel dans lequel le jeu des corps mère-enfant organise le sens, restent fixés à des sensations non intégrées en séquence relationnelle, mais qui leur servent à protéger les rudiments du jeu du soi.

SENSATIONS ARCHAÏQUES

Quels sont donc ces contours et ces objets qui ne semblent pas faire partie de l'inventaire des objets psychiques habituellement répertoriés, mais que nous trouvons parfois mêlés à des objets plus usuels, sinon des traces de sensations très archaïques à prévalence tactile ? Sensations qui rempliraient la même fonction que l'encre pour la seiche, lorsque celle-ci veut se dissimuler au regard d'un éventuel ennemi. En fait, pour ces sujets, blessés dans l'instauration de leur premier narcissisme, tout espace extérieur — et tout objet qui en provient — représente une menace d'engloutissement dans le trou noir de l'inexistence. Certes il a fallu que ce trou noir soit précoce pour qu'il semble ainsi sans fond et nécessite de telles défenses. On pense qu'il peut être le résultat d'une brutale déconnexion d'avec le corps de la mère, alors que celui-ci était encore vécu comme faisant partie du propre corps de l'enfant. C'est cette béance que l'autiste mais aussi, bien qu'à un autre degré, ces blessés du narcissisme essaient sans cesse de colmater pour recréer leur intégrité en protégeant leur propre corps de toute irruption extérieure.

S'enduire de salive, ou d'excréments, est un moyen de retrouver un contact avec ce qui a été déconnecté, le moyen désespérement magique de « faire » du corps. J'ai retrouvé chez des adultes, à certains moments, ce recours à de telles sensations défensives. Je pense à cet homme qui prenait plaisir à uriner à l'intérieur de ses vêtements, dans une tentative pour retrouver la chaleur du bien-être originel, mais aussi pour sentir les contours de son corps, marquant ainsi son territoire qui le protégeait des autres. De ce lieu sensoriel il narguait toute tentative d'entrer en contact avec lui, alors que, par ailleurs, il en éprouvait le plus profond désespoir.

TOURBILLONS ET VERTIGES

Mais il existe bien d'autres vestiges de ces sensations archaïques, tels les ressentis qualifiés par F. Tustin de « tourbillaires ». On en retrouve quelque chose dans ces vertiges incoercibles qui surviennent à l'improviste, ou dans ces images de tornades aériennes, de tourbillons d'eau, qui, dans certains rêves, s'accompagnent de vécus d'épouvante. Les expériences dont elles proviennent peuvent avoir été profondément enfouies et soigneusement recouvertes de défenses bien structurées, cependant, chez ceux qui produisent de telles images, on perçoit aisément les échos de la terreur du « trou noir » qui en signalaient l'existence. Mais nous pensons aussi que ces sensations archaïques révèlent l'activité d'un soi, certes encore non relié au monde extérieur, et dont l'énergie tournerait littéralement en rond, ne trouvant pas son issue vers l'objet-mère seul capable de l'inscrire dans son histoire individuelle.

Ces survivances archaïques, constatées ici et là, marqueraient donc de leurs empreintes les étapes précoces de la constitution de l'objet. Ces témoins nous permettent de repérer les défauts d'intégration des éléments du soi par le moi, allant jusqu'à des fixations proprement autistes. Sans doute l'origine de telles failles peut être due à un défaut d'équipement biologique, mais il faut aussi la chercher dans une quelconque défaillance du premier contenant-mère, ou encore dans une séparation corporelle d'avec la mère, trop prématurément subie pour que la capacité de se souvenir, encore insuffisamment développée, permette de suppléer à cette absence. Ce serait pour compenser ce manque-à-être que la tendance créative encore disponible essaierait d'inventer quelque chose, comme ces objets-sensations qui peuvent être contrôlés et manipulés, et tentent de remplacer l'objet réel défaillant.

Ces sensations qui « ressemblent à des objets » n'ont donc d'existence que le temps où elles se produisent. Sans doute est-ce à cette manipulation archaïque que recourait cette patiente qui, au moment de me quitter, et dans le temps analytique d'une régression qui touchait à cette zone du « trou noir », s'accrochait à un bouton de ma veste, le triturant longuement comme pour en imprégner la trace sur ses doigts. Et, de même que l'objet « autiste » cesse d'exister hors de sa manipulation, pour ma patiente, aussi, tout se perdait hors de la séance.

INCORPORATION

Pour rester encore dans les expériences sensorielles, celles-ci plus élaborées toutefois, j'évoquerai le rêve-cauchemar de cet homme qui se voyait errant dans un champ de corps morts et en morceaux, parmi lesquels il devait trouver sa nourriture. Le déjà long parcours analytique qu'il avait derrière lui avait, sans nul doute, tout à la fois permis d'exprimer en images ces vécus précoces, et de constituer dans le transfert un contenant capable de recevoir l'angoisse horrifiée suscitée par de tels contenus. Il avait, ainsi, pu faire, en quelque sorte, glisser cet « immangeable » de son rêve le long de la matrice des vécus d'incorporation, dont avaient émergé des images de cannibalisme rituel, puis le symbole eucharistique des chrétiens.

Je pense aussi que les bizarres objets volants qui apparaissent dans certains rêves pourraient être des rejetons de cette phase archaïque. Certes, ils sont ainsi soustraits à la manipulation sécurisante, mais, en contrepartie, ils se placent hors d'atteinte de l'objet persécuteur interne. Cette étape est, bien évidemment, plus élaborée que celle des objets-sensations. Objets magiques, ils sont créés pour pallier le manque fondamental, impossible à affronter. Ceux chez qui j'ai observé la présence de tels objets étaient profondément coupés de leurs émotions.

LES PREMIERS PARTENAIRES DU JEU

Sans doute ces premiers partenaires du jeu du soi apparaissent, ici, fort divers et nous avons pu constater la fécondité de l'énergie qui les anime. Mais alors que seule une relation authentiquement vécue peut restituer son sens à la séquence originelle et en reconstituer les éléments, il arrive que ce qui est retrouvé ne débouche pas forcément sur les étapes pulsionnelles de la relation d'objet. Dans certains cas, en effet, ce narcissisme de base — ou soi primaire — rétabli, les satisfactions éprouvées semblent se fixer à cette étape, les désirs pulsionnels reliés au moi et qui aventurent le désir plus loin que le premier objet d'amour ne parvenant pas à entrer en compétition avec ces retrouvailles archaïques. Le jeu du soi, restauré dans ses premières manifestations, peut-il donc se satisfaire de ces premiers partenaires ? Peut-on parler d'une captation du soi par le moi qui s'y reflète ? Narcisse est bien au cœur de cette question, même lorsque celle-ci ne peut que rester posée.

PREMIÈRES TRACES

Si nous examinons les tentatives graphiques produites par ceux qui utilisent les modes de défense archaïque pour traduire leurs sensations, nous retrouvons les premiers gribouillis des tout-petits, tout comme les premières traces laissées sur les parois des cavernes de la préhistoire. Le cercle apparaît tardivement dans de tels parcours, mais il témoigne de l'heureuse issue de la créativité du soi, parvenue à élaborer son image de totalité. Cependant, bien avant l'ébauche de la forme ronde, nous trouvons deux schémas de référence, contemporains du besoin de créer les objets-sensations : l'un est l'angle, et le triangle, l'autre la spirale, mais déroulée vers l'intérieur et non dans son sens expansif. Si l'arête de l'angle où deux faces se rencontrent et s'étaient est une expression favorite des jeunes autistes, je pense aussi à ces expériences, répétées de génération en génération, qui ont fait de la pierre angulaire le soutien de l'édifice.

Je revois ce dessin d'un fond sous-marin où, parmi de molles méduses glissant, transparentes et sans consistance, l'auteur avait peint un triangle rouge. « C'est pour introduire de la vie », m'avait dit le peintre. J'avais moi aussi pensé que, bien avant une triangulation œdipienne ou un symbole sexuel — les deux ayant pourtant aussi un sens dans ce contexte —, ce triangle devait assurer un point d'ancrage et une protection contre l'engluement des méduses et, en outre, que ce rouge constituait un défi vivant contre la mort.

Quant à la spirale, Jung y voyait un des symboles majeurs de la quête du soi. Le fait que ce soit la spirale tournée vers l'intérieur qui est tout d'abord dessinée traduit alors le besoin d'un centrage, et la quête du retour à l'unité, alors que le mouvement inverse marque l'ouverture du soi au monde extérieur et signe la liberté créatrice du jeu du soi.

LE RYTHME

Mais le jeu ne peut se concevoir sans le rythme qui l'anime. Là encore, c'est aux origines qu'il nous faut remonter. Tous ceux qui ont observé de jeunes psychotiques ont pu remarquer l'importance du rythme dans leurs comportements. Balancements, sautillements, jeux de mains, tics... Tous ces mouvements semblent dérouler une mélopée sans fin qui les berce, les charme, leur tient lieu de compagnon, etc. Il est hors de doute que le rythme reproduit quelque chose des activités primordiales de la vie, depuis les bruits du cœur jusqu'aux rythmes cosmiques. Jung, dans son concept de libido, a donné une place fondamentale à ce mode d'être, et ce qu'il en dit trouve, ici, sa place : « Le rythme est le mode classique de l'organisation de certaines représentations ou autres activités, car c'est lui qui organise le passage de la libido vers une nouvelle forme d'activité[16]. » Dans cette perspective, on peut se demander si les activités rythmiques des autistes ne seraient pas tout autant des essais pour franchir une étape — un peu comme on lance un moteur — que le désir de renouer avec les anciennes satisfactions. La façon dont on peut voir certains mouvements stéréotypés se modifier pour se transformer en rythmes créatifs, au décours d'une séance d'analyse, suit le même trajet que celui de la double spirale, de la réalité intérieure à la réalité extérieure, dans une libération d'énergie.

SOI ET NON-SOI

Ce jeu du soi n'a, bien sûr, pas de fin et il continue à chercher de nouveaux partenaires capables d'entretenir sa créativité. Ce faisant il apprend à traiter avec les parts étrangères à son monde qu'il vit comme du non-soi. Certaines de ces parts, nous venons de le voir, sont ressenties comme dangereuses et nuisibles pour la cohésion du soi et celui-ci s'efforce, alors, de les repousser, en les maintenant le plus loin possible de son activité. Mais dans la mesure où ces parts de non-soi représentent les potentialités d'accroissement du soi, ce serait, pour le soi, une mutilation de refuser d'entrer en contact avec elles. Or, nous avons vu que c'est au cours des étapes les plus archaïques de la constitution de l'objet que le soi et le non-soi entrent en contact, dans un temps où le moi commence à peine son apprentissage d'agent de liaison. Quand on sait que c'est à lui que revient la fonction d'intégration des expériences vécues, et qu'il doit, pour cela, évaluer la qualité des défenses qu'il convient de mettre en place, on saisit mieux avec quoi le soi se confronte au début de la vie. Dans certains cas, en fait, seule la force de sa part « instinctuelle » peut assurer la bonne issue de son projet de vie, face à l'inconnu du non-soi.

Le jeu du soi commence, on le voit, très précocement à s'exercer à travers la tension des opposés.

CHAPITRE III

LE CORPS, INCARNATION DU SOI

Le soi, à l'épreuve du corps

LANGAGE DU CORPS

Parler du corps est une étrange entreprise. N'est-ce pas, d'ailleurs, plutôt lui qui parle ? Et fort bien, et parfois fort douloureusement, dans son expression directe, voire crue. C'est encore lui qui crie son absence dans le lieu imaginaire où il cherche son image amputée. Expérience d'un vécu lié, ou nié, quant à sa participation à l'organisation du soi, mais toujours en référence à l'unité primordiale.

Cela pourrait débuter comme un conte — il était une fois l'un en trois : l'Anthropos avec ses trois manifestations, corps, âme, esprit, et le deux en un, l'Androgyne, image de la bissexualité —, mais un conte qui ne cesserait de s'actualiser en chacun de nous, à travers la réalité quotidienne de notre vécu corporel. Ne faisons-nous pas sans cesse l'expérience de ce qui, en nous, est partie d'un tout et, par là même, absence et recherche de ce qui manque ? Chaque découverte de notre corps devenant une quête de complétude dont la signification s'ancre dans nos organes et nos fonctions, là où les traces du message y sont inscrites au plus profond.

PRÉSENCE DU CORPS

Le corps est une présence, un projet, une histoire, l'expérience d'un tout, ou d'une partie. Nous en parlons en termes de besoins et de désirs. Mais c'est à travers des affects, des émotions et, par ailleurs, des représentations que nous connaissons ce corps, si peu connu, qui est ce corps que nous vivons.

Il est aussi ce qui nous introduit à l'autre, à tous ces autres qui composent notre réserve d'expériences. Et parce qu'il est l'agent et le témoin des processus de développement de la personne, Jung a pu écrire : « Les symboles du soi se forment dans les profondeurs du corps et expriment tout autant sa nature matérielle que la structure de la conscience qui les perçoit[1]. »

Nous pouvons encore parler du corps, en tant que principe énergétique, de la libido, l'énergie qui anime désirs, impulsions et instincts, et d'ailleurs c'est en suivant les formes qui l'expriment que nous découvrirons les structures fonctionnelles du corps.

LIBIDO ET CORPS

La vie a marqué le corps au centre de lui-même, puisque « le nombril est tout à la fois la source d'où jaillit la libido, et le point de rupture, par où elle pénétra dans le corps[2] ». C'est entre ces deux mouvements : élan vers la vie, retour vers « ce point de rupture, appelé mère, parce que c'est par elle que nous vint le courant vital[3] », que la libido oscille. La tentation de s'anéantir dans la sombre caverne maternelle surgit chaque fois qu'un effort jugé trop intense ou une situation dangereuse se présentent. Le risque d'engloutissement est réel, « mais si la libido réussit à se libérer et à remonter vers le monde d'en haut, alors se produit un miracle : le voyage aux enfers a été pour elle une fontaine de jouvence, et de la mort apparente surgit une nouvelle fécondité[4] ».

C'est un parcours que notre corps connaît bien. « Ça » se vit en lui depuis toujours. N'est-ce pas le destin de toute nourriture que de se perdre dans les cavités où chaque fois elle doit accepter la mort d'une forme, pour passer à l'étape suivante ? Que sont les besoins compulsifs de manger, sinon l'espoir de garder le plus longtemps possible les traces réelles de ce qui sert à nier « ce point de rupture, la mère »... Comment autrement reformer à l'intérieur cette présence chaude dans laquelle le corps a jadis baigné ? — Présence refusée par l'anorexique, qui se sent délié de la participation maternelle, abandonné au point de rupture, sans contrepartie.

Et ces corps proches de l'obésité, qui s'enflent pour mieux reformer dans l'intérieur une mère, absente par ailleurs ? Il n'est que d'assister à l'angoisse profonde qui accompagne certains amaigrissements, où la perte de poids est lourde de la perte de celle dont on n'a jamais pu se séparer.

L'ENFANT ET LE CORPS DE LA MÈRE

L'enfant porte une attention particulière à cette marque du corps qu'est le nombril. Si sa curiosité s'y exerce si fortement, c'est que ce singulier « bouton » cache un mystère. Comment le déboutonner pour donner accès à l'intérieur de ce corps-ventre si clos, qui, si les souvenirs archaïques sont exacts, doit renfermer les bébés et bien d'autres choses à manger, sentir, etc. ? Mélanie Klein a fait l'inventaire de ces « objets » convoités-aimés ou haïs-contenus dans le ventre de la mère et que l'enfant voudrait bien s'approprier. En s'essayant à s'identifier à ces objets, à les rejeter comme à s'y projeter, l'enfant élabore progressivement le triage nécessaire du « tien » et du « mien ». Il apprend à faire le deuil de ce dont il ne peut s'emparer, tandis que le manque suscite des recherches actives pour le compenser. Il apprend, par exemple, à jouer ce que son corps ne peut encore vivre ou ce à quoi il devra renoncer. Il n'y a pas que les petites filles qui rêvent d'avoir des enfants dans leur ventre ! « L'individu masculin, tout comme l'individu féminin, porte en soi l'aspiration et la nostalgie de la grossesse ; et comme elle ne peut se trouver réalisée par l'enfant, la grossesse — cet état où l'enfant est porté — s'imite du moins dans les formes du corps[5]. » Il n'est pas rare, en effet, de découvrir des fantasmes de grossesse et d'enfantement chez les hommes, en particulier dans ces moments où il s'agit, pour eux, « d'enfanter » une nouvelle forme d'expression, mais aussi lorsqu'ils ont à sacrifier cette part de soi que l'Androgyne semblait devoir accomplir.

La poursuite de ce trésor caché ne demeure-t-elle pas, à travers les siècles, pour l'enfant tout comme pour l'adulte, le témoin de cette quête inlassable ? Le jeu est cependant plus sérieux qu'il ne paraît et il peut engager toute une vie. Les mythes du héros ont, pour leur part, mis l'accent sur les dangers de l'entreprise et le courage sans faille dont doit faire preuve celui qui s'y lance. Sans doute ces luttes et ces combats sont-ils le prix à payer pour que soit transportée sur d'autres objets l'énergie de la libido qui hésite entre deux voies. L'investissement symbolique est une sorte de transaction opérée entre le conscient et l'inconscient pour tenir compte des deux parties. « Les symboles ont pour effet d'empêcher la libido en régression de s'arrêter au corps physique de la mère[6]. »

LE RYTHME ET LE CORPS

Le rythme par son action répétitive est créateur de satisfaction et de déplaisir, car c'est un mode privilégié de décharge des excitations. Grâce à son action la libido investit les diverses fonctions du corps : nutrition, motricité, sexualité, langage, jeu, etc. Outil d'apprentissage, puisque c'est par la répétition que le corps mémorise les gestes et les actions, il peut aussi tourner à vide. La répétition compulsive est cependant à entendre comme un signal plein de sens, révélant les fixations archaïques et les défauts d'intégration.

Prenons, par exemple, ces gestes élémentaires, gratter, creuser, enfouir, frotter, frapper, taper... Nous les retrouvons aussi bien dans les investigations les plus créatives comme dans les conduites les plus régressives, là où « la libido tend à retourner vers des activités rythmiques infantiles qui sont les modèles primitifs tant de l'acte nutritif que de l'acte sexuel[7] ». Gestes que le corps transforme en tics et en manies, tout comme il les utilise dans la danse et la musique, ces formes supérieures de l'activité rythmique.

Ainsi donc celle-ci investit les diverses phases du développement de l'enfant, mais elle poursuit son action tout au long de la vie. A rebours, au cours des régressions, on peut voir se réanimer les diverses phases des fonctions précédemment acquises, que ce soit pour se réfugier dans des satisfactions passées, ou pour fuir le déplaisir du présent.

La sexualité occupe, dans la régression, tout comme dans le développement de l'individu, une place privilégiée. C'est pourquoi, lorsque, par suite de contraintes extérieure (issues du milieu) ou intérieures (interdits, tension entre le domaine de l'esprit et le monde instinctuel, refus de donner sa place aux émois corporels), la libido ne peut parcourir son cours normal, elle est contrainte de retourner vers des formes déjà vécues, cherchant à se satisfaire d'anciennes expériences, vécues parfois à travers ces comportements répétitifs, qui peuvent sembler étrangement aberrants, mais elle peut aussi emprunter une voie plus créatrice d'un devenir possible. C'est le rôle dévolu au symbole, chemin emprunté par cette femme qui se voit dans un rêve souffler dans une longue flûte afin d'agiter jusqu'à l'ébullition un liquide contenu dans un bol. Peu à peu, sous cette puissance du souffle scandé par la flûte, des flammes rouges jaillissent du récipient, en une danse de plus en plus phallique...

LE CORPS ARCHAÏQUE

Dans son effort pour retrouver la voie vers un nouvel essor, la libido est amenée à réanimer des traces au-delà de l'histoire individuelle du sujet, au-delà même de l'histoire humaine, en quête de la force primitive contenue dans des étapes de l'évolution pourtant dépassées par l'homme, mais dont le corps a gardé la mémoire.

C'est ainsi que Jung nous relate l'aventure d'un homme ambitieux, qui pensait tout obtenir par sa volonté, mais quelque chose de très profond en lui protestait énergiquement contre ce projet, créant un malaise pour lequel cet homme était venu consulter. Il avait fait un rêve étrange qui l'inquiétait. Un monstre, du genre écrevisse ou lézard, se dressait sur son chemin. Que lui voulait-il ? Jung avait interprété le rêve en désignant le monstre comme le représentant d'une fonction archaïque, car « nous naissons en quelque sorte dans un édifice immémorial que nous ressuscitons et qui repose sur des fondations millénaires. Nous avons parcouru toutes les étapes de l'échelle animale, notre corps en porte de nombreuses survivances [...] ainsi le système sympathique est plus qu'un souvenir sentimental d'une existence paradisiaque, c'est un système existant et vivant en nous, qui continue de vivre, de fonctionner et de travailler comme il l'a fait de tout temps[8]. »

De par leur nature l'écrevisse et le saurien représentent une certaine étape de l'évolution, et le caractère de monstre qu'avait pris l'animal du rêve n'était là que pour confronter le rêveur avec cette part de lui-même qu'il avait toujours négligée et qui, à présent, réclamait impérieusement son dû, car, lorsque « nous adoptons un comportement qui ne conquiert pas l'adhésion du vertébré primitif et de l'animal au système nerveux sympathique qui sont en nous, une névrose se déclare[9] ».

Voici encore une histoire de saurien. Il s'agit d'un rêve où une jeune femme pour échapper à un danger se réfugie sur un toit. Là elle fait la rencontre d'un animal fabuleux en qui elle reconnaît un « dragon ». Lové sur le toit, il dort. D'abord effrayée en découvrant la tête énorme, elle recule en longeant son grand corps tout au long de l'orbe qu'il dessine. Elle s'y sent si bien qu'elle se retrouve sur son dos ; comme un bon génie, le dragon l'enlève dans les airs, pour aller la déposer dans une forêt.

Cette fois, le message du « monstre » a été entendu et la part instinctuelle du sujet qui lui faisait si peur a pu être abordée.

Les psychothérapeutes d'enfants sont familiarisés avec ce monde de sauriens, de dragons et de grands animaux préhistoriques, que les enfants mettent spontanément en images, traduisant, au plus près de leurs vécus corporels l'organisation de ce monde archaïque. Je revois les dessins de cet enfant qui racontaient une histoire de serpent. Il s'était représenté dans un jardin, où il se penchait pour cueillir une fleur, lorsqu'il découvrit un serpent caché. Ce dessin avait réveillé en lui des angoisses profondes qu'il figurait par des tourbillons de serpents étroitement enlacés. Puis, comme on déroule une pelote de laine, dont on a trouvé le bon bout, il avait déroulé un fil conducteur qui lui avait permis de dégager une forme de chien, dont l'échine était bien encore quelque peu serpentine, mais que le petit bonhomme du premier dessin pouvait tenir en laisse.

LE CORPS ET L'OMBRE

Par le truchement de l'écrevisse et du saurien, nous voici donc mis en garde contre le danger de ne « vivre que la couche supérieure de notre psyché, tels des êtres pétris seulement de conscience, ressemblant à ces angelots dont la corporalité est réduite à une tête et à deux ailes, comme si le restant de notre corps et de notre organisme psychique était inexistant, alors qu'en réalité il est seulement tabou [10] ».

Tabou ? N'avons-nous pas tendance à croire qu'à notre époque nous sommes plutôt libérés du mot et de la chose ? Et pourtant... Être bien dans sa peau, se sentir à l'aise dans son corps, est-ce si courant ? Comme il nous gêne ce corps et que nous le lui rendons bien ! Que de fois ai-je entendu : « J'ai l'impression de ne pas vivre là (et la main s'agite vaguement en diverses directions, de préférence vers le ventre et les jambes)... C'est tout insensible en moi. » Quelle éloquence dans certaines attitudes : bras qui enferment la poitrine, mains qui se crispent sur le ventre, dos voûté, épaules remontées... Il faudra que la signification de cet espace corporel lui soit restituée pour que le corps cesse de remplir ce rôle de « porte-parole ».

Il n'est que trop certain que « le corps est pour l'homme un ami douteux ; il produit souvent ce que nous n'aimons pas ; à son égard nous nous tenons sur nos gardes, car il y a trop de choses dans le corps qui ne peuvent pas être mentionnées : le corps nous sert souvent psychologiquement à personnifier notre ombre[11] ». Et, entre autres, cette part d'ombre qu'un certain consensus collectif nous a ordonné de passer sous silence — part secrète jugée honteuse et que nos rêves mettent une si fâcheuse insistance à vouloir étaler au grand jour. Si nous redécouvrons le rôle positif du « sombre Trésor », l'âne merveilleux du conte nous enseignera que ce qui sort du ventre, à l'instar du célèbre crottin, peut être d'or, et que l'argent aura bonne ou mauvaise odeur, selon l'usage qu'on en fait.

Le ventre, qui sert de coffre-fort jaloux ou, à l'inverse, de simple déversoir, redevient alors le lieu d'échanges où la part qui donne s'enrichit autant que celle qui reçoit. Cessant de véhiculer des poisons meurtriers pour soi et pour les autres, la libido peut dégager l'agressivité des marécages stériles dans lesquels elle s'enlisait pour la lier aux mouvements dynamiques qui œuvrent à la réalisation des désirs structurants.

SEXUALITÉ ET BISSEXUALITÉ

Parmi le foisonnement d'images qui se forment dans les lieux du corps et qui concernent la sexualité, j'ai choisi celle de l'androgyne pour sa façon de ponctuer la mise en place de la sexuation et de témoigner du vécu de la réalité physique et psychique de la sexualité. De plus, ce « deux en un » est tout à la fois une image d'origine — émanant d'un « encore indifférencié » qui peut cependant se prolonger très tardivement dans ses représentations, alors même que le vécu sexuel du sujet se vit, depuis longtemps, sur un mode différencié — et une image de but. Elle marque alors le désir de trouver une figure capable de rendre compte de l'union des opposés, mais l'ambiguïté de son message ne satisfait pas complètement la conscience moderne, en quête d'une figure de couple, certainement plus différenciée.

Comme toutes les images, l'androgyne a un support biologique, fait des caractères secondaires sexués, témoins de l'autre sexe en nous. Ces caractères peuvent influencer plus ou moins la morphologie du sujet, ses attitudes, ses comportements et ses attirances sexuelles inconscientes.

Dans la théorie jungienne, l'importance de cette image provient du fait qu'elle est un des représentants majeurs de la bissexualité psychique et l'un des points d'origine des figures de l'animus et de l'anima qui expriment le signe dont est affecté l'inconscient du sujet, masculin pour la femme et féminin pour l'homme. L'évolution des représentations de ces figures sur le versant psychique, et celle des affects et humeurs diverses qui tracent leur voie à travers le corps, permettent d'apprécier comment la bissexualité coopère à la maturation de la sexualité d'un sujet et contribue à assurer son destin sexué.

C'est pourquoi, tout au long de son œuvre, Jung a souligné la part prépondérante de ce que représentent l'animus et l'anima comme agents de régulation psychique et leur rôle essentiel dans le processus d'individuation.

LE CORPS DANS LE PROCESSUS D'INDIVIDUATION

Dans la suite des rêves qui constituent la trame de *Psychologie et alchimie*, à un moment, les images oniriques montrent que le rêveur « a décidé de ne plus vivre comme un être abstrait et incorporel, mais d'accepter le corps et le monde de l'instinct, la réalité du problème de la vie et de l'amour et d'agir en conséquence [12] ».

Mais, comme nous l'avons vu, il n'est pas si facile d'accepter le corps. S'il apparaît parfois trop vaste pour être investi dans son entier, c'est d'abord parce que d'un point de vue génétique il n'est reconnu dans ses organes et ses fonctions que progressivement. Chaque nouvelle découverte étant rapportée à l'édification d'un schéma corporel, somme des expériences vécues et mémorisées, il s'ensuit, lorsque l'expérience a été « ratée », négativée ou faussée dans son sens, un trouble ou un trou de ce schéma. Nous utilisons aussi notre corps comme des feuilles blanches pour y inscrire nos désirs et nos peurs (images du corps), et ce qui n'a pu se vivre dans une relation à l'autre retourne, par un effet de boomerang, au lieu qui a fait naître cet éprouvé. Le corps nous sert encore d'acteur pour jouer les pièces de notre répertoire, mimant, faute de mieux, ce qu'il est interdit de dire, dans un effort pour faire voir, à défaut de faire entendre.

Enfin, à côté des symboles individuels qui relient le sujet à son histoire et que le corps prend en compte, il existe d'autres symboles, nés dans l'inconscient collectif, et qui cherchent, eux aussi, à se projeter dans la réalité pour acquérir une existence. Les possessions par l'archétype, les identifications délirantes en sont des réalisations archaïques. Si l'artiste trouve là aussi sa matière première, tout un chacun peut s'exercer à exprimer, sur un mode plus ordinaire, cette « réalité subtile », essence de la créativité de l'inconscient.

Le corps, axe de l'espace

Des recherches faites pour déterminer les éléments entrant dans la constitution du cadre spatial des organismes ont mis en évidence le rôle joué par la motricité[13] : « Celle-ci s'exerce, semble-t-il, à travers deux systèmes différents : l'un s'exprime à travers les positions du corps et les déplacements et conduit à l'édification d'un espace des lieux. L'autre concerne les activités de saisie, de manipulation et de transformation des objets et conduit à l'identification et à la reconnaissance des objets et des formes spatiales. »

Ces deux systèmes jouent dans un rapport de positions entre celle de l'objet et celle du corps propre en tant qu'objet dans l'espace, mais c'est le corps positionnel qui exerce la fonction de référence. Chez l'être humain, la verticalisation progressive du corps, depuis la tête dressée jusqu'au corps érigé dans sa totalité, permet l'exercice de sa puissance sur l'espace environnant, ainsi qu'un contrôle de plus en plus étendu sur les objets, grâce aux effets du déplacement.

LA VERTICALITÉ, RÉFÉRENT POSITIONNEL DE L'ESPACE

Pour l'enfant couché dans son berceau, la verticalité est représentée d'abord par les parents et surtout par la mère, référent positionnel majeur. Mais, peu à peu, l'enfant, découvrant qu'il est lui-même cet axe de référence, devient maître du jeu de prendre et de lâcher, de faire disparaître et de retrouver, cependant que, dans le même temps, se dévoile l'angoisse de séparation qui le différencie peu à peu de l'autre — plus jamais lui —, « castration » nécessaire comme l'avait été la coupure du cordon ombilical.

C'est dans ces mouvements de maîtrise et de séparation que se constitue la puissance créatrice. De lui, par lui, à lui, le monde naît de ses mains et de ses pas aventurés. Le tout-petit trébuchant qui se dirige vers ce qu'il convoite fait l'apprentissage de l'espace créatif que la position de son corps autorise. Mais cette perception d'un lieu d'action n'est rendue possible que par la référence aux postures corporelles, éprouvées et vécues. Le sentiment de permanence qui s'en dégage se fait par la mémorisation progressive des expériences, ces dernières constituant des « invariants », pivots de l'image du corps dans ses relations réciproques avec les objets de l'espace.

La part fondamentale de ces « invariants » procède des effets de la maturation et des fonctions qui l'actualisent. Ces « invariants » vont désormais jalonner de leurs repères le parcours de l'individu, tant sur le plan de la réalité objective que sur celui des représentations psychiques.

La sécurité et la protection, qui émanent pour l'enfant de ses parents, sont certes intériorisées à travers la relation d'amour, mais elles se repèrent aussi dans l'identification au corps dressé des parents. Par la maîtrise de ses propres postures, l'enfant devient à son tour porteur de la puissance érectile.

De même les objets aimés qui représentent la présence maternelle ou parentale acquièrent à leur tour les caractéristiques des « invariants » d'origine ; tel est le rôle des objets transitionnels que Winnicott a si bien mis en évidence.

LA VERTICALITÉ, RÉFÉRENCE DU SOI

C'est en parlant de l'« invariant » constitué par le corps verticalisé que l'on peut employer l'expression de corps phallique, corps-référence, axe d'orientation dans l'espace. Un exercice d'aïkido illustrera cette notion de corps phallique ; après qu'ils ont acquis la « juste » posture verticale et afin qu'ils comprennent bien la signification de celle-ci, le maître munit ses élèves d'un long bâton. Il leur faut alors en éprouver le contact à travers trois prises différentes ; dans l'une, le bâton est fortement serré, dans l'autre il est tout juste maintenu, et enfin une dernière prise le tient ni trop serré ni trop lâche. Les trois tenues ayant été bien éprouvées dans leur différence, le maître demande de décrire les sentiments et les sensations, par rapport au bâton, aux personnes présentes ou lointaines, et enfin à soi-même, et cela dans chacune des trois positions. C'est un exercice « éloquent » ! Les changements positionnels s'accompagnent en effet d'affects et de sentiments très nettement différenciés ; agressivité, sentiments de domination, désirs de puissance, haine sont exprimés dans la relation au bâton fortement serré ; par contre, la peur, la crainte, la soumission se relient à la prise lâche ; enfin la confiance en soi, le sentiment de sécurité, l'amour sont éprouvés dans la juste prise. Les qualités du bâton varient en même temps ; c'est une arme, une entrave, un soutien, etc. Le maître termine l'exercice en demandant : « Dans quelle prise vous sentez-vous le plus vous-même ? »

La fonction du bâton consiste à faire prendre conscience de la manière dont chacun organise ses relations dans l'espace à partir d'attitudes intérieures révélées par des postures corporelles et gestuelles. Le rapport au « phallus » symbolisé par le tenue du bâton s'établit ici dans ses composantes essentielles : celui qui tient le bâton découvre les qualités du bâton, en même temps que sa propre intentionnalité. Bâton et porteur deviennent alors deux termes d'une histoire organisée autour d'un axe de référence constitué par le corps verticalisé, « invariant » postural, auquel se repère chaque geste et chaque action, tout comme « le phallus conditionne les signifiés par sa présence de signifiant [14] ».

L'AXE DU MONDE

Mircea Eliade dans son ouvrage *Le Sacré et le Profane* [15] nous a relaté comment s'organisait l'espace de vie dans une tribu d'Australie, les Achilpa. Selon leur tradition, voici comment ils racontent la création de leur territoire. L'être divin, Numbakuda, a créé l'espace cosmique, en même temps que leur Ancêtre et leurs institutions, en façonnant un poteau sacré avec le tronc d'un gommier sur lequel, après l'avoir oint avec du sang, il y grimpa et disparut dans le ciel.

Par ce geste, le poteau devient un axe cosmique car désormais c'est autour de lui que le territoire se transforme « en monde ». C'est pourquoi dans leurs pérégrinations, les Achilpa transportent le poteau sacré avec eux : là où ils le plantent, le « monde » s'organise — que le mât soit rompu, et c'est pour la tribu la fin du monde, le retour au chaos. D'après Spencer et Gillen, cités par M. Eliade, un mythe de la tribu raconte que le poteau sacré s'étant une fois cassé, tous les membres de la tribu se dispersèrent et finalement s'assirent par terre et se laissèrent mourir.

Ce que nous avions vu plus haut du rôle prépondérant de la posture verticale dans la constitution de l'espace plonge ici ses racines dans une plus vaste dimension — puisqu'il s'agit de la création du monde. Cependant les repères qui fondent l'espace dans l'un et l'autre cas sont du même ordre, celui de la verticalité qui sert de pivot d'orientation, de point de référence.

LE CERCLE ET LA VERTICALE

Si la verticalité est un repère constant qui figure l'axe du monde, le centre organisateur de l'espace, dans beaucoup de traditions le cercle, le rond remplissent les mêmes fonctions. On sait que Jung, pour sa part, a doté le soi de cette fonction organisatrice — c'est « l'archétype de l'orientation » —, et que la première image qu'il en a donnée est celle d'un mandala rond. Image du monde certes, le mandala ne renvoie-t-il pas aussi aux expériences originelles du corps, à ces premiers référents qu'ont été la cavité du ventre de la mère et la rondeur de ses seins ? Vécus où se sont formés les sentiments de complétude et de plénitude, et certainement les premières expériences de centration.

Jung nous a relaté le chemin qu'il a parcouru à la rencontre du soi[16]. En faisant un dessin « en forme de rond », il se rendit compte qu'il traduisait l'incompréhensible de sa situation intérieure et que ces images, renouvelées jour après jour, témoignaient des transformations psychiques qui s'opéraient en lui. Il reconnut dans la disposition du dessin et des figures qui s'y formaient des représentations de mandala ou images du monde. Peu à peu le sens de ces mandala devint clair pour lui : « Le mandala exprime le soi, la totalité de la personnalité qui, si tout va bien, est harmonieuse, mais qui ne tolère pas que l'on s'abuse soi-même. » Bien que la compréhension du processus à l'œuvre dans l'évolution des dessins de mandala fût tout d'abord intuitive, il lui apparut bientôt qu'il s'agissait de « quelque chose de central », le mandala exprimait le centre : « Il est l'expression de tous les cheminements ; il est [la voie] qui mène vers le milieu, vers l'individuation. »

Il est intéressant de rappeler ici que, si le soi demeure l'organisateur majeur du psychisme, Jung fait du phallus « le représentant de la libido, l'énergie psychique, sous son aspect créateur[17] ». En renouvelant le symbole de la flèche et de la cible, Jung nous fait souvenir que le soi est autant une image de l'origine que du but. Il est bien cet autre invariant « qui se répète toujours et reste identique partout[18] », sans lequel l'invariant postural qu'est le corps dans sa verticalité ne peut trouver à s'exprimer.

LE SOI, COMME INVARIANT

Sans doute ce dessin qui se forme progressivement et constitue la trame du processus d'individuation peut-il être figuré par des représentations phalliques, érigées sur le modèle de l'axe du monde, bien que, la plupart du temps, nous trouvions plutôt les images du centre sous des formes rondes, seules ou associées au carré. Mais l'énergie psychique, sous son aspect créateur, « le phallus », reste le principe actif qui met en mouvement le processus. J'ai observé que ces images phalliques se rencontraient souvent chez des sujets soit identifiés à sa puissance, soit, au contraire, trop peu reliés à ce principe actif. L'attitude consciente nous permettait d'interpréter le sens de la représentation pour restituer au soi son caractère d'invariance.

Tout comme, pour Jung, qui avait spontanément créé des images de mandala dans un moment de difficulté psychique, nous découvrons que de telles images apparaissent, généralement, pour relayer les défaillances d'un moi proche de la dissociation ou du morcellement, c'est-à-dire ayant dépassé la résistance de ses défenses. De telles manifestations fonctionnent comme un étayage du moi, ou même comme un relais, exprimant le soi, constitutif de la base de l'individu et fondement de son sens, émergeant à la conscience, sous cette forme symbolique, pour permettre au moi de se rassembler.

Nous pouvons aussi dire que c'est parce que le moi a lâché son système de protection contre le non-moi, que le soi peut se manifester. En fait, lorsque nous observons, dans l'analyse, l'émergence de tels contenus, nous constatons qu'ils modifient les défenses du moi, et que celui-ci sort de l'épreuve avec un accroissement d'énergie, puisée dans celle du soi.

Il faut cependant ajouter que, lorsque le soi est resté fusionné à l'archétype de la mère ou que les défaillances précoces de sa « mise en corps » ont été trop graves, il ne peut libérer l'énergie nécessaire pour permettre au moi de faire face au conflit qui l'assaille. Toute l'énergie du soi reflue, au contraire, vers lui, sous forme de ces ultimes défenses, de type psychotique, destinées à protéger sa fonction vitale.

Le corps, expérience du soi

Depuis un certain nombre d'années, le corps est devenu un nouveau centre d'intérêt, et l'on voit se multiplier techniques et théories. Mais ce faisceau d'intérêts permet-il à l'analyste d'élargir sa vision et d'interpréter avec ces outils les informations qui lui parviennent dans le champ analytique ? Autrement dit, dans l'espace analytique où la parole règne, le corps peut-il être, lui aussi, un matériau d'analyse ?

Pour répondre à cette interrogation devenue aiguë, le discours analytique s'efforce de dégager de nouveaux concepts à partir d'une approche qui elle aussi se modifie. Mais comment saisir ce qu'elle requiert de nous hors du lieu où elle s'exerce ? Commençons donc par suivre une séance d'analyse à l'écoute de ce que vit ce corps.

LE CORPS PARLÉ

« Je ne sais pas très bien comment c'est fait à l'intérieur de moi... Je vais vous dessiner mon corps comme je le vis dedans... »

Elle se mit alors à dessiner une curieuse anatomie, qu'elle me commentait au fur et à mesure : « Pour commencer, ça entre par ce trou en haut... pas de difficultés... puis ça descend... oui, je sais on appelle cet endroit l'estomac, mais pour moi ça serait plutôt comme pour les poules, vous voyez? Voilà! C'est une poche avec des graviers dedans qui broient la nourriture. Après ça continue à descendre... ça tourne, encore, encore et il sort des choses par là et par là... mais ce n'est plus important!» (Qu'est-ce qui est le plus important?) «Je vais vous le dessiner... Je ne comprends pas bien comment ça s'articule avec le reste, et pourtant... Voilà, vous voyez, ça forme comme une herse au-dessous de la poche à graviers, avec plein de piques vers le haut et vers le bas... Tantôt ça vient du haut, tantôt ça vient du bas. Bien sûr c'est absurde, mais c'est comme ça que je le sens...» Un silence, puis: «Il y a mon sexe là-dedans... derrière la herse.»

C'était la première fois que cette jeune femme parvenait à mettre en mots comment elle vivait son corps, et bien qu'apparemment très loin du mode habituel de perception, le recours à ce langage métaphorique lui rendait étrangement plus réelles les diverses somatisations dont elle souffrait que son vocabulaire habituel. En se plaignant des «cailloux de son gésier» ou du mauvais fonctionnement de sa «herse», elle entrait en contact avec son corps comme elle ne l'avait jamais fait auparavant.

Nous avons ainsi découvert que ses souffrances n'étaient que la perpétuelle actualisation des fantasmes archaïques sadiques qui n'avaient jamais pu s'échapper de son corps, faute d'un contenant extérieur dans lequel ils auraient pu se déverser sans danger. Mémoire terriblement fidèle, son corps ne cessait de se souvenir de ce que son moi psychique s'efforçait tout autant d'oublier. C'est pourquoi, avant de laisser parvenir à la conscience cette mémoire du corps, il nous a fallu créer entre nous un espace réceptif plus vivant que la poche à cailloux qui avait formé la matrice digestive de son image du corps. Qu'elle ait pu libérer son sexe des attaques des cailloux broyeurs, dont la herse l'avait jusque-là protégée, certes sur un mode dissociatif, montrait combien notre relation avait progressé. Elle pouvait à présent me parler de la terreur que je lui inspirais, redoutant tout autant ma parole qui risquait à tout instant de la « broyer » que mon silence qui la laissait dans la crainte de m'avoir détruite.

A cette liberté de parole conquise dans la relation, répondaient en contrepoint des modifications non seulement de son image du corps, mais jusqu'à ces vécus les plus archaïques que nulle représentation n'avait pu rejoindre. Délivrée de ses encombrants instruments de torture, elle ne cessait de s'émerveiller de se découvrir un corps capable d'éprouver du plaisir.

L'IMAGE DU CORPS À TRAVERS LE REGARD DE L'ANALYSTE

Un jour que, sur le divan, cette analysante évoquait d'une voix hachée et monocorde sa vie d'enfant, je sentis se former en moi une image et je lui dis, sans savoir d'où me venait cette vision et pourquoi je la formulais à ce moment : « Vous me faites penser à un arbre japonais... » Stupéfaite, elle se redressa et en me faisant face elle s'exclama : « Comme c'est étrange que vous me disiez cela ! Mon père avait la passion des arbres japonais et aimait m'initier à cet art... »

Ainsi cette image révélait d'une façon saisissante l'emprise que son père avait exercée sur elle, en même temps qu'elle témoignait de son état émotionnel. Elle était, en effet, incapable non seulement de manifester ses émotions mais même d'en éprouver. Le spectacle d'une souffrance ou d'un acte, source, chez autrui, d'une quelconque émotion, ne suscitait rien chez elle, bien qu'elle sentît là quelque chose d'anormal. Naturellement elle partageait avec son père une semblable indifférence.

Quelque temps après, comme pour compléter cette image d'elle-même, elle m'apporta le dessin d'un sapin, dont elle était assez fière. Je constatai que le tronc de son arbre était coupé en trois endroits et qu'aucune des parties n'avait de continuité avec les autres. Mais après la séance que nous avions appelée celle de « l'arbre japonais », elle s'était assise en face de moi, scrutant mon visage comme pour y découvrir ce que je ressentais. Elle semblait vouloir suivre le cheminement de quelque chose qui n'avait pas encore de réalité pour elle, mais dont elle essayait, par un processus d'identification projective, de saisir en elle des traces semblables.

L'IMAGE DU CORPS

Les moments d'analyse que je viens de présenter illustrent bien ce qu'est l'« image inconsciente du corps ». On sait que ce concept a été défini par F. Dolto[19] pour rendre compte d'un certain « type » de relation libidinale. Sa principale caractéristique étant d'être à chaque moment la mémoire inconsciente de tout le passé relationnel et en même temps de se présenter au présent, tout à la fois narcissique et relationnelle. Parce qu'en elle se croisent le temps et l'espace, c'est par elle que le passé inconscient se relie à la situation présente.

Pour nous jungiens entraînés au travail sur les complexes, nous saisissons aisément ce qui, ici, vient étayer et enrichir notre propre théorie. Ne sommes-nous pas habitués à suivre l'histoire relationnelle de tout un chacun à travers les organisations psycho-affectives, constituées en complexes ; à repérer les niveaux de rupture qui se signalent par l'émergence de représentations issues tantôt de l'inconscient collectif, tantôt de l'inconscient personnel, ou encore à percevoir la tonalité affective qui révèle la trace vécue dans le corps ? Mais en mettant l'accent sur cette partie du complexe dans laquelle la représentation constitue une projection du vécu corporel (une image du corps), notre attention est davantage attirée sur son destin pulsionnel.

LES VÉCUS DU CORPS

Ces fragments d'analyse mettent en scène, chacun à sa manière, un certain vécu corporel. Ils m'ont paru témoigner du projet inconscient qui pousse un individu à retrouver ses fonctions de relation, arrêtées en un lieu du corps, fixées dans la répétition ou vidées d'un investissement non inscrit dans son temps. Le corps qui, dans l'analyse, se donne à voir et même à entendre, nous livre peu à peu ses zones aveugles ou opacifiées, réfractaires, parfois irrévocablement, au processus de mise au conscient.

À l'écoute de ces mouvements profonds, nous percevons, au fil des séances, les failles du système de protection que nos analysants ont tenté de mettre en place, parfois très précocement, pour « sauver leur peau ». Car cette protection laisse, en fait, filtrer les souffrances du non-réalisé par des somatisations plus ou moins graves, parfois maintenues à fleur d'une peau hérissée de cruelles et persistantes démangeaisons, signalant tout à la fois l'extrême sensibilité répulsive du contact et l'appel désespéré de ce même contact.

LE MOI-PEAU

Ce que Didier Anzieu[20] met en scène avec son « moi-peau » s'adresse à ces premiers constituants du moi relationnel. Nous le suivons de fort près quand il définit l'angoisse comme un défaut d'ancrage. La libido, qui ne trouve pas un objet pour s'investir, devient comme flottante, sans butée et l'angoisse, résultat du manque de réponse adéquate, est liée à une problématique archaïque de séparation, de manque de contact. Elle ne doit rien (à ce stade) à la problématique orale (nourrissage-sevrage-perte du sein).

S'appuyant sur les travaux des éthologistes, Anzieu met en avant la pulsion d'attachement et l'importance du contact (et de sa qualité). Il examine avec attention la thèse de Bowlby qui définit la conduite non plus en termes de tension et de réduction de tensions, mais de buts fixés à atteindre et de processus conduisant à ces buts (à ce propos nous parlerions d'archétypes et d'organisateurs inconscients).

« Le moi-peau serait la figuration dont le moi de l'enfant se sert au cours des phases précoces de son développement pour se représenter lui-même, à partir de son expérience de la surface du corps. La constitution de ce contenant peau correspond à l'établissement d'un minimum de sentiment de continuité d'exister avec un "intérieur" où peuvent commencer à vivre les objets internes. » Cette définition, tout un chacun ne la reprend-il pas à son compte quand il s'agit de se savoir bien ou mal « dans sa peau » ?

Les « mal-dans-leur-peau » sonnent à notre porte, jamais les autres, c'est bien connu. Pour rester dans cette métaphore qui traduit au plus près une expérience d'être, combien de fois assistons-nous, au fil des séances, à l'inventaire de ce sac de peau qui ne contient pas que du bon et du plein, comme me le démontrait éloquemment la jeune femme qui parlait de son « gésier » et de sa « herse » ? Quant à la barrière protectrice que doit représenter la peau, n'est-elle pas trop souvent une passoire sans discrimination ou une tôle bien boulonnée ? Il faut encore, dans l'inventaire des fonctions de la peau, ne pas oublier qu'elle est le lieu et le moyen d'échanges avec autrui. Que de « mères inaccessibles » ont été touchées et caressées sur d'autres corps, que de peaux jamais rassasiées de contacts, en perpétuel manque d'un jamais vécu...

LES SOURCES DE LA REPRÉSENTATION

Les concepts d'image inconsciente du corps et de moi-peau éclairent la façon dont le complexe-moi s'organise. Ils sont les précieux indicateurs des sources physiques de la représentation, là où le corps a enregistré l'empreinte inconsciente des toutes premières relations et traduit les éprouvés qu'il en a vécus en tonalité de plaisir-déplaisir. Lorsqu'un type d'image du corps s'est fixé en un lieu du corps — et la clinique nous invite à repérer pourquoi celui-là et pas un autre — il continue à envoyer des messages qui signalent la faille énergétique, sous forme de somatisations, de fantasmes récurrents, ou encore de comportements répétitifs.

Mais les sources de la représentation peuvent remonter encore plus loin, au niveau fœtal et même peut-être encore plus en amont, vers l'organisation de l'équipement génétique.

Les biologistes font des recherches dans ce sens. Il y a déjà quelques années, Niels Jerne avait avancé des hypothèses fort intéressantes, à partir de ses travaux sur le système immunitaire : « On sait, disait-il, que la reconnaissance de *soi* est une propriété qui doit être apprise puisque des chromosomes du père et de la mère sont présents dans l'œuf fécondé dans l'utérus. Et que les chromosomes du père produisent des molécules que les chromosomes de la mère ne connaissent pas, mais qui feront partie de notre corps. Il faut donc que le système immunitaire hérité de la mère apprenne à tolérer ces substances étrangères et à ne pas produire des anticorps contre soi-même[21] ! »

Notre pratique du transfert tient compte de ces données. Nous savons d'expérience que les représentations se construisent à travers les processus d'identification et de projection et que l'organisation archétypique a besoin d'être activée par tel ou tel événement relationnel qui en orientera la polarité. Selon l'excellente formule de C. Dejours[22] : « Ce sont les mouvements relationnels qui vectorisent l'organisation du vivant. » En clinique d'enfants nous dirions que les premières informations sont, dès le tout début de la vie, projetées dans « le corps-mère » pour y être éprouvées, soit comme « bonnes », et elles pourront alors servir de support identificatoire, soit comme « mauvaises », et elles deviennent alors menace désorganisatrice. Si cette menace est trop violente ou trop répétée, l'énergie de l'archétype ne peut remplir sa fonction de mise en forme des instincts : l'instinct ne trouve pas sa représentation, il tourne à vide ! Et pourtant ces instincts sont attachés à des montages innés et portés par des programmes génétiques. Ils sont donc au service de l'autoconservation mais le paradoxe « est que ces montages comportementaux archaïques et instinctuels, qui chez l'animal assurent sa survie, s'inscrivent comme force de mort chez l'homme[23] » s'ils ne se psychisent pas — le sacrifice de la mère tel que Jung le conçoit en est une métaphore. Il est bien évident, en contrepartie, que ces instincts demeurent chez l'homme la source énergétique dont il ne saurait se passer.

MISE EN FORME DE L'INSTINCT

Deux rêves vont me servir à illustrer comment l'archétype, « mis en corps », donne à l'instinct la forme qui lui permet d'orienter son énergie vers le processus d'individuation.

Voici le premier rêve.

Le rêveur arrive au bord de la mer, sur une jetée où un bateau est amarré. Un homme est là, qui l'invite à entrer dans le bateau et à descendre dans la salle des machines pour en vérifier le bon fonctionnement. Le rêveur descend donc l'escalier qui mène à la chaufferie et il entend un bruit étrange, comme une prodigieuse respiration. En arrivant au fond il s'aperçoit que le moteur est constitué par une énorme pieuvre attachée, dont la respiration fournissait le principe énergétique et les tentacules la propulsion !

Ce rêve, fait en fin d'analyse, clôturait un long débat mené contre des pieuvres autrement menaçantes. L'énergie instinctuelle qu'elles représentaient avait débordé en violences incontrôlées et en graves somatisations, avant de pouvoir être liée à l'énergie psychique, seule capable de la mettre en forme.

Le second rêve réalisé en cours d'analyse reprend la même problématique énergétique. Le rêveur se retrouve dans la maison de son père (maison imaginaire). Elle est vaste et il prend plaisir à la parcourir mais il est intrigué par une construction de brique qui entoure la cage d'escalier. En se penchant il s'aperçoit qu'une énorme colonne de feu ronflante emplit la cage, et est heureusement contenue par le mur de brique, « c'est saisissant mais non effrayant ».

Là aussi, pour cet homme, un passé psychosomatique signalait l'énergie non domestiquée.

Est-il besoin de préciser que ces hommes étaient restés prisonniers d'une « Grande Mère » dont la mère réelle n'avait pu les protéger ? Grande Mère faisant cependant office de restructuration efficace, mais précaire lorsque aucune représentation ne pouvait donner une issue à sa violence archaïque. Le corps subissait seul, alors, les assauts de cette violence, sauf dans les moments où la poussée instinctuelle, sexuelle ou agressive, s'exprimait « crûment » dans la réalité.

L'ÉNERGÉTIQUE PSYCHIQUE

Jung, pour sa part, avance ses hypothèses dans la direction d'une continuité énergétique allant de l'instinct à l'archétype avec des modifications qualitatives d'un pôle à l'autre. « La qualité psychique débute là où l'instinct commence à relâcher ses liens avec les conditionnements extérieurs et intérieurs[24] », et « il n'y a là aucune modification substantielle de l'énergie instinctuelle, mais seulement une modification de sa forme d'utilisation ».

C'est cette forme d'utilisation qui nous renvoie à l'archétype, au départ potentialité innée, sans forme, mais préparée à recevoir sélectivement un certain quantum d'énergie instinctuelle. Celle-ci pourra alors s'exprimer dans un « modèle de comportement », éprouvé au cours de la phylogenèse et sélectionné, en son temps, pour son aptitude à servir le processus d'hominisation. Les représentations en signalent le parcours psychique.

Forme et représentation restant liées au type de relation (relation d'objet) qui a été à l'origine de leur activation.

LA « MISE EN CORPS » DU SOI

Si le soi contient les deux aspects de la réalité, c'est au moi que revient la tâche de différencier celle-ci dans ses deux composantes somatique et psychique — on pourrait dire aussi que les renseignements qui parviennent au moi, à partir de ces deux versants de la réalité, donnent lieu à des expériences différentes (expériences qui dans certains états peuvent se confondre). Mais ces deux opposés doivent cependant s'unir dans le temps de l'ici-maintenant de tout acte de vie. C'est pourquoi dans ses hypothèses théoriques, Jung insiste sur l'importance de la « mise en corps » du soi[25]. Lorsqu'il est privé de cette nécessaire manifestation qui en actualise la potentialité et vectorise son énergie, le soi, nous l'avons vu, tend à réagir parfois « violemment », par des troubles somatiques variés, plus ou moins graves, véritables sonnettes d'alarme. Ce qu'on nomme « clinique psychosomatique » pourrait se situer dans la prise en compte de ces non-réalisations du soi. Défaillances d'activation précoce de l'archétype ou défenses tout aussi précoses contre son action.

À L'ÉCOUTE DU CORPS

La parole analytique qui surgit en séance a souvent dû se frayer un long chemin à travers le labyrinthe de ce corps, où, tapi dans l'ombre, le minotaure guette la proie qui s'aventure à sa rencontre, avant de trouver l'issue libératrice. C'est ainsi que l'analyste reçoit des ébauches de représentations encore liées au corps mais qui tentent d'en émerger. Parfois encore, à notre étonnement, ce qui sort de ces trous d'ombre emprunte à un « inconscient » qui n'est plus personnel, ni peut-être non plus collectif, des figures inconnues. D'où surgissent-elles ? Quelle part revient dans ces diverses manifestations aux processus archétypiques et quelle part aux énergies pulsionnelles ?

Poser la question, c'est interroger la portée analytique de la place que nous faisons au corps dans l'analyse ainsi que la valeur épistémologique des concepts qui sous-tendent cette interrogation. S'il me paraît difficile de faire l'impasse sur la question elle-même, là où nous y sommes confrontés au cours d'une analyse des étapes prégénitales de la constitution du moi, ou au cours de ces régressions qui mettent en cause jusqu'aux soubassements biologiques de la psyché archaïque, encore faut-il savoir ce que nous faisons. Lorsque la « mise en corps » (au sens où Élie Humbert parle d'une « mise en ombre », c'est-à-dire d'une mise en pratique d'un vécu conduisant à l'intégration des contenus jusqu'ici inconscients) se révèle nécessaire, la question de l'opportunité de la réalisation dans l'analyse se pose.

TECHNIQUES ANALYTIQUES

La relance analytique peut, en effet, demander un changement d'approche, voire de technique, qui exige de l'analyste une réponse appropriée, à laquelle sa formation ne l'a pas toujours préparé. Très souvent, c'est l'image d'un transfert qui signale l'écueil en question. Le sens de cette butée n'est d'ailleurs pas toujours facile à apprécier, pourtant c'est là qu'il est nécessaire de saisir s'il s'agit d'une « résistance au transfert », d'un appel à un changement d'attitude ou d'une limite de cette analyse. Mais, toujours, nous nous demandons comment répondre à cette impérieuse demande qui nous sollicite dans notre capacité d'accueillir la faille de ce corps non symbolisé. Nous saisissons cependant qu'elle témoigne du besoin de rencontrer une limite contenante et un point d'ancrage sur lesquels pourra s'édifier la représentation de ce vécu jusque-là hors du sens.

FACE À L'ARCHAÏQUE

Je me souviens d'une femme qui avait effectué ailleurs un parcours analytique qui l'avait menée assez loin sur la voie de la régression sans que celle-ci ait pu se conclure. Elle venait essayer auprès de moi une autre approche, parce que proposée par une femme, mais aussi, disait-elle, pour ce qu'elle connaissait de Jung. A cette occasion j'ai fait l'expérience d'un transfert tout nouveau pour moi. Nul effet de miroir, ni demande affective de quelque nature que ce soit, pas plus que de transfert idéalisant, rien non plus d'un transfert négatif... Je ne sentais rien, sinon qu'il était impérieux que je sois là, séance après séance, pour écouter le discours qu'elle adressait à un autre. La force archaïque qui émanait de son inconscient me tenait dans une extrême vigilance comme si un faux mouvement, une parole malencontreuse auraient eu le pouvoir de déclencher la catastrophe.

Je n'aurais su dire ce que j'étais pour elle, sinon, encore une fois, que l'enjeu était d'importance : le jour où après une absence, je la vis surgir à sa séance, épuisée, à bout de forces, et, par quel miracle ? encore en vie, je me demandai une fois de plus, dans la totale impuissance où je m'éprouvais, quelle place elle m'assignait. Elle me dit simplement que si elle n'était pas venue elle serait morte. Où avait-elle donc puisé l'énergie de venir jusqu'à moi ? Quelque chose, de toute évidence qui la dépassait, la contraignait à se tenir debout — malgré elle.

LE PROJET DU SOI

Ce jour-là je compris que le terme « projet du soi » n'était pas qu'un concept clinique. Il s'actualisait là, devant moi.

Je sus alors qu'elle ne demandait à ce moment ni sentiments ni relation objectale, mais qu'avec une confiance inconsciente son soi défaillant était venu se brancher sur le mien, le temps pour le sien de prendre corps. C'est pourquoi l'amour conscient que je pouvais avoir pour elle semblait tout d'abord de peu d'importance tant son être insconscient était occupé à puiser aux sources de mon éros. J'ajouterai que, dans son cas, le recours aux techniques corporelles s'était révélé illusoire. En fait son corps pulsionnel, déconnecté de l'énergie organisatrice du soi, s'était muré dans un faux self qui le rendait « intouchable », sauf en des circonstances bien précises et bien délimitées.

Ce que par la suite nous avons pu reprendre sur le mode analytique a confirmé ce vécu de transfert. Elle découvrait qu'avec son premier analyste elle avait redonné vie à l'enfant de ses parents, enfant fantasmatique, lieu des projections croisées des désirs parentaux et des siens propres.

Avec moi, elle avait, me dit-elle, redonné vie à « l'enfant éternel », bourgeon du soi, dont l'impérieuse exigence avait bien failli la faire mourir du désespoir de ne pouvoir le faire vivre.

LES « ENFANTS EXPOSÉS »

De tels revécus archaïques évoquent pour moi ces figures du mythe que sont les « enfants exposés ». Sans doute le génie grec a-t-il condensé là des traditions fort diverses, qui ont emprunté leurs thèmes aux rythmes cosmiques, au parcours du soleil, aux fêtes célébrant le renouveau, le « nouveau-né », comme aux épreuves initiatiques réservées au futur roi, sans parler de rivalités plus actuelles et des luttes pour le pouvoir, nouveaux avatars des conflits primordiaux.

Mais si, dans les récits grecs, les motifs pour lesquels ces enfants ont été exposés sont divers, le destin de ceux-ci est toujours entouré d'une aura particulière. Promis à des aventures fabuleuses, héroïques, parfois tragiques, ils ont toujours à franchir de multiples épreuves, la plus merveilleuse, et non la moindre, étant pour commencer qu'ils aient survécu à l'épreuve initiale, celle qui les sépara brutalement de leur mère pour les exposer dans une nature inconnue, à la merci des bêtes sauvages, du froid et des intempéries, sans rien pour pourvoir à leurs besoins. Cependant voilà que pour eux, la nature se fait accueillante, que les bêtes, même les plus sauvages, l'ourse, la louve, sans parler des chèvres et des brebis, viennent nourrir et réchauffer ces enfants perdus. Voilà aussi que les gens des collines, les bergers, gardiens des troupeaux, deviennent leurs sauveurs, et, pour un temps, leurs parents adoptifs.

Pour toutes ces raisons, ce thème me semble particulièrement bien illustrer ces régressions profondes dont je viens de parler.

LE PETIT POUCET

Devant un analysant une formule me vint un jour spontanément : c'est un soi « orphelin »... D'où surgissait cette impression et à quoi se rapportait-elle ? Je me souvins alors d'une thérapie faite avec une petite fille de cinq ans, dont le handicap physique avait nécessité une très précoce séparation d'avec sa mère. Enfermée en elle-même depuis des années, elle somnolait à longueur de journée. J'entrepris de la ramener dans le monde des vivants. La thérapie suivait son rythme, mais deux activités, peu à peu, emplirent le temps des séances. L'une était centrée autour d'une poupée qu'il fallait déshabiller en début de séance et garder nue devant ou contre soi, et que je devais rhabiller en fin de séance. L'autre activité concernait des livres de contes dont j'avais une provision et qu'elle me demandait de lui lire. Très vite, elle fit une sélection et me réclama régulièrement l'histoire du Petit Poucet.

Or, voici que pendant une séance, on me prévient que les parents de la petite fille l'attendent. Je dis que je vais l'accompagner et je m'apprête à ranger la poupée comme nous le faisons d'habitude, mais elle la reprend, la serre contre elle avec force et la cache sous la couverture de son chariot. Arrivée devant ses parents, elle saisit la poupée et la leur tend avec un sourire triomphant ! Personne ne comprit très bien ce qui se passait là, et ce n'est que plus tard que j'ai saisi tout le sens de cette scène : le conte du Petit Poucet retraçait, en fait, son histoire et avait accompagné la demande d'accueil et de soins dont son soi « abandonné » avait besoin. Le retour à la « maison des parents », dont elle avait voulu me rendre témoin, marquait l'heureuse issue de sa recherche.

Les contes, on le sait, reprennent des motifs mythologiques en les mêlant au courant culturel du temps et du lieu. Le Petit Poucet est une variante du thème de « l'enfant exposé » : ici le héros a grandi et il a développé ce que la nature lui avait jadis enseigné. La petite fille dont je viens de parler avait bien saisi le fil inconscient qui courait sous l'histoire, la poupée dont je devais prendre soin nous renvoyait à la toute petite enfance de Poucet.

L'ACCOMPAGNEMENT DU MYTHE

Mais que peut m'enseigner le mythe sur ces régressions vécues dans le parcours analytique ? Il se donne tout d'abord comme une représentation symbolique d'un vécu qui n'a pas encore trouvé sa propre représentation ! En nous proposant une interprétation de cette étape archaïque, il remplit l'office de contenant pour une pensée qui ne peut encore se saisir. Sans doute aussi, le langage même du mythe, fait d'images et de poésie, en occupant l'arrière-plan de la conscience, devient-il l'occasion de flottements associatifs, autres que ceux de la série historique de l'individu : là, en effet, s'animent les scénarios qui organisent les premières formes de la vie, celles qui composent la matière même de ce « centre virtuel » qu'est le soi. Ainsi, le souffle et la chaleur des bêtes autour de l'enfant exposé, et cette nourriture essentielle qui se propose — alors que tout semble faire défaut — évoquent-ils le monde d'avant la relation d'objet et le domaine des premières sensations ; enfin le mythe nous place dans un domaine où chaque situation est un moment symbolique qui a sa place dans le processus d'individuation. Lorsque l'extrême du dépouillement est atteint, que la volonté cesse de diriger les mouvements conscients, voilà que, paradoxalement, quelque chose d'autre commence à vivre à un autre rythme, au rythme d'un soi qui se découvre un corps. La conscience apprend qu'elle peut s'orienter différemment, tout comme dans le mythe les bergers, guidés par les étoiles, veillent la nuit sur le silence des choses, le sommeil de l'enfant et la paix de leurs troupeaux.

Reste pour l'analyste à saisir ces présences — mais c'est la vie même du transfert — dans l'éprouvé relationnel, dans la reviviscence d'un geste, dans les dessous d'un discours qui, apparemment, parle de tout autre chose, ou encore dans la fulgurance d'une image incompréhensible, mais qui, pourtant, fait entendre le son juste d'un sens encore inconscient.

LE POÈME

Dans un autre langage, la poésie traduit ce même indicible que, dans l'analyse, nous essayons d'apprivoiser avec nos propres mots. Lou Andréas-Salomé, dans le livre qu'elle a consacré à R.M. Rilke[26] évoque l'expérience créatrice du poète, jaillie de ce lieu charnière. Elle écrit tout d'abord : « On arrive à la marge de l'ici-bas, au point où l'expérience individuelle rejoint celle des générations antérieures, la succession infinie des êtres vivants, l'enracinement très profond dans le fond originel et insondable. L'individu ne se doute pas de cela. » Et Rilke :

... La forêt vierge en lui, dont l'affaissement muet
Était surplombé par un cœur vert de lumière...
Aimant. Il descendait dans le sang le plus ancien,
Dans les gouffres,

Où gisait l'effroi, gorgé d'ancêtres. Et chaque
Objet de terreur le connaissait, clignait des yeux, comme
De connivence,
Oui, l'horreur souriait... (3e élégie)

Ainsi, ajoute Lou Andréas-Salomé, l'élément corporel est le dernier mot de l'horreur... Il est le gardien des souvenirs les plus enfouis, ceux qui prennent racine à l'endroit où l'individu se sépare du fond originel pour accéder à une expérience individualisée.

Nous voici bien au cœur de la question, dans ces lieux de la régression où se débat et se saisit l'espoir d'un soi en devenir. Certes toute régression ne met pas à jour « l'enfant-soi exposé ». Sans doute aussi faut-il mettre à part ceux qui ont vécu dans leur propre histoire le destin de ces enfants du mythe. Je pense aux enfants abandonnés et à ceux qui ont été adoptés. Ceux que j'ai pu suivre dans l'analyse, enfants ou adultes, ont tous, à un moment ou à un autre, cherché, tout comme l'avait fait Œdipe, à retrouver des traces de leur passé, une mère, parfois un père, sur lesquels ancrer leur histoire.

« L'ENFANT EXPOSÉ », DANS LA RÉGRESSION

Si je pense à ces analysants pour qui « les souvenirs les plus enfouis » sont contemporains « du dernier mot de l'horreur », et qui, dans l'analyse, sont parvenus dans ce lieu, je retrouve chez tous les points suivants :

— Des circonstances réelles ont très souvent étayé ces vécus d'horreur, telles des séparations précoces rompant la phase symbiotique avec la mère, des deuils, des maladies, la rupture du couple parental, une grave défaillance de la fonction maternelle.

— Il faut parfois remonter la lignée des générations parentales pour découvrir « la chose originelle » (acte commis, secret honteux soigneusement caché) qui, comme dans le mythe, aboutit à l'enfant exposé de la troisième génération.

— Il faut aussi noter que ces régressions profondes ne s'atteignent qu'après de longues années d'analyse, parfois après plusieurs parcours analytiques. Souvent un père symbolique est cherché avant que puisse être touchée la mère redoutable. Car, dans tous les cas, les imagos parentales, mal stabilisées dans la relation vécue auprès des parents réels, se construisent sur le versant persécutif, lorsqu'elles parviennent à émerger hors du non-structuré archaïque.

LES « PARENTS TERRIBLES »

La mère, pour sa part, apparaît dans la polarité la plus négative, parfois jusqu'à des éprouvés meurtriers, renforçant les défenses qui se sont établies, très précocement, sur un mode dissociatif ou clivé, pour protéger le soi contre ces attaques archaïques.

Le père, lui, lorsqu'il n'apparaît pas dans la violence destructrice, est vécu tantôt comme celui qui a sacrifié son enfant à la mère terrible — ce qui laisse pourtant, parfois, subsister un réel élan d'amour, aisément repérable, entre l'enfant et son père — tantôt comme celui qui s'est réfugié dans un rôle maternel passif, où s'engloutit sa parole symbolique, inscrivant tragiquement à cette place le défaut de père.

L'ORGANISATION DES DÉFENSES

Cependant, tout comme pour l'enfant du mythe, on ne peut qu'être frappé par la force vitale du soi de ces sujets, en prise direct avec un instinct de vie des plus puissants. Instinct qui leur sert de gouvernail et d'intuition du sens. Nous dirions qu'ils ont un « solide soi-corps » constitutionnel. Par contre, ils ont un grave défaut de « soi relationnel », phase normalement structurée par la mère, elle-même assistée du père, compagnon nécessaire à la formation d'une sécurité de base et à l'organisation de l'identité sexuée de l'individu. Quant aux parents de la scène primitive, ils sont, ici, généralement terrifiants !

Manquant d'une mère capable d'étayer les premières expériences de différenciation entre leur soi et le non-soi, qu'est alors l'extérieur du couple mère-enfant, ces sujets restent d'une sensibilité extrême à cet extérieur, ce qui les fait réagir à toute stimulation, à tout contact qui leur paraissent effracter ce qu'ils ont établi comme leur soi-corps.

Sans doute la mère de ces enfants a-t-elle pu être, elle-même, en difficulté, mais, de toute façon, cette mère est celle qui n'a pu assurer une fonction contenante suffisante pour protéger son bébé contre les épreuves de séparation corporelle. Faut-il rappeler que le tout-petit vit dans un monde de sensations et de rythmes corporels, monde dans lequel les objets extérieurs sont pris comme un prolongement de l'activité corporelle, gouvernée par la sensation ?

Les analysants dont je parle ne se sont cependant pas structurés sur un mode autiste, même si certaines de leurs défenses se sont organisées sur ce mode. Généralement, ils ont construit un faux self entre le soi-corps et le moi-corps (fonction intégratrice des expériences du soi-corps), ou un soi grandiose, refuge imaginaire contre les atteintes narcissiques. Ainsi de cet homme dont le « soi exposé » avait essayé très précocement de se défendre contre une mère qui avait, elle-même, protégé son défaut narcissique par un état dépressif et une grave névrose obsessionnelle. L'angoisse de sa mère l'avait fait plonger dans des angoisses désorganisatrices qui attaquaient son jeune soi. Il avait alors astucieusement construit sa propre névrose obsessionnelle pour se protéger de celle de sa mère, tout en réussissant à rester reliée à elle par leur identité névrotique.

Certains analysants, en guise de défense, essaient de se barricader à l'intérieur de leur propre corps, barrière fragile cependant, d'où leur parvient amplifié tout ce qu'émet le monde extérieur. D'autres, à l'opposé, différencient mal leur corps de l'autre, vécu comme attractif et répulsif à la fois, dans la mouvance fusionnelle, ce qui provoque, lorsque cette zone est atteinte dans la régression, des revécus angoissants et des transferts très contrastés : « Je ne sais vraiment pas comment arracher ma peau à celle de ma mère. J'ai peur... », me dit cette femme. C'est d'ailleurs à cet endroit où le corps relationnel a le plus souffert — et que signalent les failles de la fonction intégratrice du moi, par exemple dans le tissu du moi-peau — que s'inscrivent les fragilités somatiques qui, lorsque les défenses sont levées, peuvent s'organiser en maladies graves, parfois mortelles, mais aussi remplir la fonction de symboles sacrificiels à consentir à la mère redoutable pour s'en détacher. (Ici, la représentation ne peut encore se projeter psychiquement ; elle reste liée au corps, mais avec déjà le statut symbolique.)

L'ACCUEIL DE L'ENFANT EXPOSÉ

Lorsque la zone de l'enfant exposé est atteinte, je le sens à un changement d'éveil dans mon corps. Quelque chose entre en alerte et me fait regrouper mes énergies. En même temps, je sens que l'orientation de mon conscient se modifie. Il me faut m'introvertir, descendre le long de l'axe moi-soi au plus près de son origine... Mes défenses archaïques sont alors, elles aussi, vigoureusement sollicitées, et font ce qu'elles peuvent pour remplir leur rôle, avec des manifestations parfois intempestives, mais que je ne peux éviter. Je dois tenir jusqu'au moment où mon « enfant-soi » peut établir le contact avec cet autre enfant-soi, alors en détresse. C'est là que s'abandonnent tous les désirs de puissance, en même temps que l'on prend douloureusement conscience que nous n'avons pas, et que nous ne sommes pas le remède miracle ! Les larmes du désespoir coulent, parfois partagées dans la séance, parfois vécues dans le rêve : « Vous étiez en deuil et vous pleuriez », me dit cette analysante. Mais cet abandon ouvre à une nouvelle étape de confiance : l'enfant-soi abandonné, dépouillé de ses défenses, se laisse approcher, réchauffer, nourrir, alors même qu'aucune mère ne peut encore être évoquée. Il découvre ses forces et la vie qui l'anime. L'Enfant Divin, le pôle archétypique du soi, représentant son éternelle naissance et la potentialité de son devenir, se réveille dans ce corps qui l'incarne, pour devenir le centre énergétique d'un projet qui peut reprendre son véritable cours.

Cette zone, jadis d'horreur, frontière entre l'innommable et le non-représenté, s'ouvre à l'activité psychique et se remet à écrire une histoire qui prend sens. Les vécus de choses, comme dirait Freud, s'ouvrent aux représentations de mots.

Je pense à cette femme qui tout à coup a pris conscience que ce pouvoir de vie qu'elle projetait sur moi était en elle. Elle me téléphone : « Vous êtes malade ? » Moi : « Mais non, pourquoi cette question ? — J'ai rêvé que vous aviez froid et que je devais vous enfiler une quantité de chandails pour vous réchauffer... » Or la séparation des vacances était imminente, et je lui ai demandé si elle ne croyait pas que c'était elle qui avait froid. Elle en convint. J'ajoutai que ces chandails lui tiendraient peut-être d'autant plus chaud qu'elle pouvait se dire que nous les avions tricotés ensemble ! Elle se mit à rire...

RÉFLEXIONS SUR LE TRANSFERT

Le transfert est donc le lieu où s'opère cette transformation, au sens alchimique du terme, cette « mise en corps » du soi. Je viens de relater comment la relation entre l'analyste et l'analysant se transforme au cours du travail. Initiée par un changement d'attitude qui se fait intuitivement plus « passive », plus réceptive, tant vis-à-vis de soi-même que de l'autre. Dans ce nouvel éveil, la façon dont l'énergie somatique se distribue nécessite une attention accrue[27] : somnolence, ennui, irritation, sont de précieuses indications et chacune de ces manifestations a un sens précis dans cette analyse, plus particulièrement dans ce moment de l'analyse. Nous apprenons, si nous savons écouter ces messages, qu'il est opportun ici de nous taire, là d'admettre que nous ne comprenons pas, que nous pouvons nous tromper, ou que nous avons à entrer plus profondément dans les matériaux de la séance elle-même, ce faisant nous découvrons que cette écoute de nous, et de l'autre, favorise chez notre analysant une autre façon d'être. Parce que nous sommes devenus, dans notre corps, silencieux et attentifs, l'autre trouve une autre façon de se placer, de s'ouvrir, de s'écouter. Quant à l'interprétation, elle saura, en son temps, assurer sa fonction de liaison.

DU CONCEPT D'INCONSCIENT SOMATIQUE[28]

Jung, avec ce concept, se réfère à un certain ordre d'expériences. Expériences qui peuvent être réalisées à travers certaines techniques, corporelles et autres, par l'intermédiaire de certaines drogues (cf. les récits de Castaneda), mais aussi se produire spontanément.

En quoi consistent ces expériences ?

Il s'agit, ici, d'orienter la conscience vers le corps et dans le corps en cessant de faire du pôle mental le centre de la conscience et le modèle de la représentation du monde. Les sensations, comme déconnectées de leurs récepteurs périphériques, et les organes eux-mêmes deviennent alors des « réalités vivantes », parties du monde, ouvrant à d'autres perceptions. On a parlé de la musique des sphères célestes, on pourrait parler dans le même sens du corps-orchestre cosmique. Ce qui différencie cette expérience de celle du psychotique, c'est bien que pour celui-ci il n'y a plus de distance réflexive, ni de retour. Identifié à telle ou telle partie du corps qui devient tout lui-même, coupé du schéma organisateur qui sous-tend l'aperception de la partie dans son rapport à l'ensemble et permet de se connecter tant au monde intérieur qu'au monde extérieur, le psychotique est sorti de l'orbite qui assure la continuité du sens.

Tous ceux qui, au cours de régressions sévères touchent à ces zones limites où le moi a émergé de l'inconscient corporel, connaissent les angoisses de morcellement, de vide ou de dépersonnalisation. Ils peuvent alors faire des expériences de type « psychotique », mais aussi celles d'un inconscient somatique qui reste lié au conscient. Ces dernières se reconnaissent à la qualité très particulière d'éveil qui les accompagne, sans qu'aucune angoisse en altère le vécu.

On pourrait considérer cet inconscient somatique comme une projection psychique de l'unicité du corps-au-monde, expérience qui peut se faire à partir de la « conscience » d'une cellule, d'un organe ou du corps tout entier. Réalisation en quelque sorte d'un mandala somatopsychique, mais la représentation qui en parvient au conscient est toujours de nature sensorielle et de forme « pleine ». C'est une véritable « vision », presque physique, vécue en étroite relation avec le corps.

Cependant, Jung met en garde contre le danger de faire de telles expériences sans préparation, c'est-à-dire sans que se soit constitué un moi suffisamment fort. Par contre, après une analyse où la capacité d'intégrer les énergies archétypiques a été bien exercée, une telle expérience du corps pourra alors s'inscrire dans les processus de transformation de la psyché.

Dans l'analyse, certains vécus transférentiels se vivent sur ce mode. En effet, il arrive à l'analyste, comme à l'analysant, de produire de telles « visualisations », traduction directe de ce qui s'éprouve dans la séance, par le truchement des corps. L'image de « l'arbre japonais » que j'évoquais plus haut participe de ces vécus.

CHAPITRE IV

L'IMAGE, STRUCTURE ET REPRÉSENTATION

L'image dans le champ jungien

Jung aborbe l'image sous le double aspect de représentation et de schème organisateur du psychisme[1].

En tant que représentation, l'image n'est pas une simple copie d'objet extérieur, elle constitue un véritable acte d'imagination créatrice par sa capacité d'ordonner des éléments divers en une forme qui lui donne une unité en soi. Elle apparaît dans le champ de conscience comme l'expression d'une situation momentanée du vécu psychique dans sa globalité (conscient et inconscient). Les contenus qui participent à l'élaboration de sa forme proviennent aussi bien de l'histoire personnelle du sujet que de cette couche de la psyché que Jung a appelée l'inconscient collectif. (À ce niveau, il utilise plus précisément les termes d'image primordiale et plus tard d'archétype.)

En tant que schème organisateur, l'image fournit le sens de ce qu'elle représente. Si, sur le versant de la perception on peut dire que « la forme organise l'image[2] » selon ses lois, sur le versant de l'inconscient l'image apparaît comme une structure dont les éléments plongent leurs racines jusque dans « la programmation génétique » et s'organisent selon les lois de la matière vivante qui, en accompagnant l'évolution des organismes, vont du simple au complexuel. Le passage des schèmes organisateurs les plus rigides de certains instincts à ceux qui permettent un accroissement d'informations et la possibilité d'opérer des changements, trace le processus d'hominisation. Nous en trouvons de nombreux témoignages dans notre propre histoire. « L'homme, écrit R. Caillois, n'est pas isolé dans la nature, il n'est un cas particulier que pour lui-même. Il n'échappe pas à l'action des lois biologiques qui déterminent le comportement d'autres espèces animales, mais ces lois, adaptées à sa nature propre, sont moins apparentes, moins impératives : elles ne conditionnent plus l'action, mais seulement la représentation[3]. »

LES FONDEMENTS INSTINCTUELS DE L'IMAGE ORIGINELLE

L'anneau de Moebius, cette bande enroulée de telle sorte que si l'on suivait du doigt son enroulement on passerait de l'intérieur à l'extérieur de sa structure sans changer de face, pourrait assez bien illustrer ce que dit Jung de la constitution des archétypes : « L'archétype et l'instinct constituent une paire d'opposés existant côte à côte en tant que ces représentations que nous nous faisons de l'opposition qui est à la base de l'énergétique psychique[4]. »

LES SCHÈMES DE COMPORTEMENT

En lisant ce que Jung a écrit à propos de l'instinct, on relève, ici et là, le terme de *pattern of behaviour*, (schème de comportement), qu'il utilise en contrepoint du versant « représentation » de l'image. À partir du constat de restes archaïques et de modes de fonctionnement primitifs qui, encore que devenus généralement inconscients, continuent à informer notre mode d'être, Jung réfléchit sur la nature des instincts. Ayant observé que, chez les animaux, les instincts étaient organisés en schèmes de comportement composés de séquences bien déterminées et inséparables de l'ensemble qui, seul, leur donne un sens — « sans la totalité de sa forme, l'instinct ne fonctionne pas »[5] —, Jung a tiré des lois très « gestaltistes » sur la composition de l'image primordiale (ou archétypique).

En devenant humains, les instincts ont perdu la rigidité de leurs schèmes au profit de leur versant psychique, mais ils ont gardé leur importance biologique, et s'ils sont encore « des reliquats ou des restes encore existants de modes de fonctions antérieurs, ils sont, aussi, et surtout, des régulateurs toujours existants et biologiquement indispensables de la sphère des instincts, dont l'efficacité s'étend à tout le domaine de la psyché et ne perd son caractère absolu que là où elle se trouve bornée par la relative liberté de la volonté. L'image représente le sens de l'instinct[6] ». Mais cette énergie de l'archétype participe-t-elle à l'économie pulsionnelle ? Si oui, comment ?

L'ORGANISATION PULSIONNELLE

« L'archétype est le principe de la forme que revêt l'élan pulsionnel[7]. » Cette formule pourrait être figurée par la métaphore du spectre lumineux où « le dynamisme de l'instinct aurait son siège dans l'infrarouge, mais l'image de l'instinct résiderait dans la partie ultraviolette ». Ce renvoi aux deux extrémités de la polarité n'est qu'une image des forces énergétiques en présence. Jung va en préciser le mode d'action : « Les archétypes interviennent dans la configuration des contenus de la conscience pour les régulariser, les modifier et les motiver ; ils se comportent comme des instincts. » Nous aurions ainsi un double courant énergétique, l'un ayant sa source dans une organisation somatique, l'autre étant d'ordre psychique, et une convergence s'opérant dans le champ de la conscience. Mais pour Jung il semble bien que l'intentionnalité de la pulsion soit du versant de l'archétype : c'est lui qui en indiquerait la visée, le but et sans doute l'objet.

Ainsi c'est en dotant l'archétype d'une énergie spécifique que Jung donne un destin aux pulsions.

Ces « empreintes énergétiques » que sont les archétypes, issues des expériences les plus prégnantes qui ont fait de l'homme ce qu'il est, auraient donc pour rôle de soustraire l'homme à l'attraction toujours si forte du monde de la nature en contraignant l'énergie des pulsions à « revêtir leurs formes ». La représentation qui nous parvient témoignerait alors des modalités de cette liaison, sorte de miroir du lieu de la rencontre et de l'attitude du conscient face à ce message.

Dans cette perspective, nous pouvons concevoir la représentation comme un révélateur de la maturation des pulsions (passage des pulsions partielles aux pulsions génitales) face à la capacité du moi de les intégrer et de les agir.

Voici quelques exemples de séquences organisées en fonction de schèmes de comportement qui font apparaître la façon dont, au cours de l'analyse, les éléments manquants reprennent leur place, redonnant ainsi son sens à l'image. J'y joindrai ensuite l'étude d'une figure classique dans les thérapies d'enfants, celle du loup, qui me permettra de suivre l'image à travers son destin pulsionnel.

L'IMAGE, SENS DU SCHÈME DE COMPORTEMENT

Le puzzle reconstitué

Un jeune garçon de dix ans (qualifié de débile ou de psychotique, on ne sait pas très bien, par les institutions) arrive dans mon cabinet. Il est manifestement « ailleurs » de quelque part où sont les autres, mais ce qu'il vit avec moi m'apparaît plein de sens. Après s'être posé dans le lieu du clown, « celui qui fait rire les autres », me dit-il, il dessine d'innombrables petites maisons, dont une complètement noire. Cet antre noir où personne ne vit m'est offert, séance après séance... Puis, changeant d'entrée de jeu, l'enfant, dès son arrivée, prend papier, ciseaux et colle. Gravement il découpe des petits morceaux d'une feuille et les recolle sur une autre page sans tenir compte apparemment de moi. Mais un jour, il me regarde et pousse le pot de colle vers moi. À partir de là, nous avons commencé à recoller « le bonhomme » ensemble.

L'oiseau mort

Une mère vient me voir avec son petit garçon de six ans. Comme je tends la main vers lui, je m'aperçois qu'il tient quelque chose dedans. Sa mère me dit que c'est un oiseau mort et que depuis un certain temps il cherche — et trouve — des oiseaux morts qu'il emporte avec lui. J'installe l'enfant devant la table de jeu où il peut dessiner pendant que nous parlons avec sa mère, à côté de lui. Au cours de la conversation, je vois qu'il pose l'oiseau sur la table et vient s'asseoir près de nous. Il intervient peu, mais son visage s'anime lorsque nous parlons de lui, et peu à peu j'aide sa mère à percevoir son besoin de liberté. En partant, il « oublie » l'oiseau mort sur la table.

La maison retrouvée

Éliane a vingt-deux ans quand elle vient me voir. Sa mère est morte quand elle avait dix ans, à l'issue d'une longue maladie. Elle n'en a gardé aucun souvenir. Peu de temps après, elle a déménagé et son père s'est remarié. Pendant ses deux années de psychothérapie, j'ai beaucoup parlé. Elle, très peu. Mais elle a trouvé du travail, des amis, quitté la maison de son père pour vivre seule. Et voici qu'un jour elle arrive bouleversée, et me raconte ce qui lui est arrivé : « Depuis déjà un certain temps je vais me promener dans le quartier où j'habitais enfant, mais voilà qu'avant-hier, je me suis "retrouvée" au quatrième étage d'une maison, le doigt sur le bouton de la sonnette. Tout m'est revenu d'un coup. C'était la maison où vivait ma mère et je revenais chez moi, comme lorsque, enfant, je rentrais de l'école. »

La bouteille à la mer

Un eczéma persistant et rebelle à tout traitement, un comportement à éclats, rempli de violence et de colère : tel était le message que m'apportait ce garçon de douze ans. Les séances se déroulent où il parle assez facilement de ses investissements. En contrepoint de ce langage du conscient, il dessine : paysages vides — explosions meurtrières. Puis dans le lointain, un petit couple prend place. Enfin, un homme de dos contemple, au sommet d'une dune, une lune dans tout son éclat qui monte de l'horizon. À la dernière séance, il dessine en silence avant de commenter ce qu'il a fait : au premier plan la plage, dans laquelle vient doucement pénétrer la mer. À gauche une bouteille est posée et son bouchon enlevé — un peu plus loin une feuille couverte d'écriture est déroulée en entier. Le message a été reçu.

Il m'a semblé, à travers ces exemples, que pour exprimer « l'endroit » psychique où un être se trouve placé, si le mot manque, si le corps se tait, il reste le comportement comme langage, mais langage qui peut être explosif, si les autres « déterminants » de l'image font défaut. Lorsque mot, corps, comportement prennent place dans l'image, alors le sens peut s'actualiser. Sinon c'est le risque d'un *acting out*, sorti du sens et qui cependant le manifeste. L'instinct, délié de sa forme, peut alors devenir aveugle, tout comme chez les animaux qui reproduisent le même geste, coupé de signification, lorsqu'on détruit une séquence de leur schème instinctuel.

LE LOUP, UN DESTIN PULSIONNEL

Pourquoi cette figure du loup ? Tout d'abord parce que depuis notre enfance nous avons appris — et souvent désappris — à dialoguer avec de telles images. Si leur pouvoir fascine, c'est qu'elles réveillent parfois en nous ce qui, depuis le fond des âges, accompagne les expériences de la naissance, de la procréation et de la mort. Les confrontations auxquelles elles nous convient opèrent jusqu'au plus mystérieux de nos êtres, y faisant vibrer toute une gamme d'émotions.

Ensuite parce qu'elle se rencontre le plus fréquemment dans les psychothérapies d'enfants et que nous pouvons l'observer au plus près de son origine. Et aussi à cause de son apparition tant dans le matériel clinique que dans les contenus culturels où elle est toujours vivante : jeux, chants, contes et légendes. Enfin pour ce quelque chose de mystérieux qui y reste attaché et, par là même, retient notre attention comme en témoignent les études faites à son propos, depuis le célèbre « Homme aux loups » de Freud.

« Pourquoi le loup ? demande ainsi Lacan. Ce n'est pas un personnage qui nous soit tellement familier dans nos contrées. Le fait que ce soit le loup qui soit choisi pour produire ces effets nous relie directement à une fonction plus large sur le plan mythique, folklorique, religieux, primitif. Le loup se rattache à toute une filiation par quoi nous arrivons aux sociétés secrètes, avec ce qu'elles comportent d'initiatique, soit dans l'adoption d'un totem, soit dans l'identification d'un personnage[8]. »

Il vient donc de fort loin, le loup de nos rencontres. Nous le voyons surgir du noir, donner forme à l'étrange, à l'inconnu qu'il déguise en mère-grand, en berger ou en loup-garou. Il invite, bon gré mal gré, tout un chacun à partager ses jeux et, s'il s'y retrouve parfois poursuivi, battu, moqué, le plus souvent ce sont ses belles dents qui mènent la danse, son regard qui piège l'imprudent, captivé.

Mais pour suivre ce loup à travers le vagabondage de ses apparitions, il nous faut tenter de comprendre le sens de ce qu'il représente.

L'HISTOIRE DU LOUP

Le loup apparaît très précocement, vers deux ans, accompagné de forts affects et parfois de terreurs nocturnes, mais aussi déjà lié au plaisir de maîtrise. Cependant, si ludique que soit cette image, on ne fait pas toujours ami-ami avec le loup sans quelque précaution et il sied de garder une certaine réserve devant cet animal fascinant. Mais au fur et à mesure que le moi accroît sa capacité d'intégrer les forces pulsionnelles, le loup se fait davantage compagnon de jeu : on se mange mutuellement avec un délicieux effroi, on peut aussi le combattre pour en triompher avec éclat ! Puis, le loup, son rôle accompli, disparaît, sauf si sa fonction, qui a pour objet d'assurer l'intégration de l'archétype dans son versant pulsionnel et d'assurer le moi dans son effort pour se soustraire à l'emprise régressive de la nature (la mère), reste toujours active. C'est alors que la maison du loup brûle (on est trop près de l'agir pulsionnel, sur le versant incestueux), ou que le loup, devenu chef de bande, garde l'entrée de la forêt dans laquelle voulait pénétrer ce jeune adolescent attardé dans son enfance. Lorsque l'énergie pulsionnelle n'a pas été assez forte pour se lier à celle de son destin archétypique, on peut assister à la mort du loup, comme chez cette petite fille qui pleurait sur la tombe de son ami le loup et lui apportait des fleurs, seul plaisir narcissique qu'elle pouvait encore s'octroyer.

LA FONCTION DE L'IMAGE

À partir de ce concept d'image, structure et représentation, on peut suivre le cheminement de la maturation du moi à la façon dont l'énergie de l'archétype s'incarne et libère le jeu pulsionnel, ainsi qu'à la façon dont évolue l'image à travers ses diverses représentations. Pour ceux qui, par exemple, se sont attardés dans la forme « mère » de l'image, il arrive un moment où sous la pression de la nécessité évolutive — libérée par les événements de la vie ou par le transfert analytique — s'opère un changement dans l'orientation du moi, jusque-là soumis à la loi de l'image, « mère » dans sa toute-puissance.

Si l'histoire du sujet s'est déroulée sans manques constitutifs fondamentaux, on voit alors s'animer une autre forme dont l'action se fait sentir à travers le comportement du sujet et dans les nouvelles représentations qui sollicitent l'attention du conscient. C'est ainsi que l'on voit apparaître sur le devant de la scène l'archétype du père, du frère ou de la sœur, du féminin ou du masculin... Mais lorsque la blessure narcissique a été trop forte, ou que l'environnement du sujet n'a pas permis l'accès à d'autres ancrages archétypiques que ceux de la forme-mère, le changement d'orientation du moi se fait tout d'abord par rapport à un changement de polarité : du pôle négatif au pôle positif de l'archétype de la mère, ou vice versa lorsque la trop grande fixation à la mère « bonne » se révèle caduque. Ici encore, c'est le comportement, et/ou les représentations qui signalent l'élargissement des potentialités symboliques de l'archétype, en s'éloignant de plus en plus de la mère réelle. Cessant d'être dominé par la toute-puissance archaïque de la mère, le sujet peut alors s'ouvrir à l'amour offert et reçu.

Je pense à une analysante qui, parvenue à cette étape charnière, craignait de ne plus retrouver le merveilleux des images : « C'est toute ma vie », disait-elle, ajoutant : « Je ne pourrai jamais supporter cette perte », oubliant, à cet instant, l'horreur de certaines de ces représentations ainsi que le vertige que lui causait ce flux incessant et incontrôlable d'images. Confrontée à l'expérience du manque, elle sentait bien qu'elle devait abandonner la fixation à son « image mère », mais elle pressentait aussi de quels sacrifices il lui faudrait payer ce changement, et c'est pourquoi elle essayait de se maintenir dans un statu quo par ailleurs devenu invivable.

LA FONCTION DE L'IMAGE DANS UN TRANSIT INCESTUEUX

Parmi les satisfactions qui ne doivent plus s'actualiser, Jung donne une place prépondérante à l'inceste. La représentation se met ici au service du processus d'hominisation, soit qu'elle offre des images terrifiantes (dragons, serpents, bêtes dévorantes) qui tendent à constituer une barrière contre les transgressions des tabous, soit qu'elle suscite des formes nouvelles douées d'une attraction aussi puissante, mais dont l'orientation prospective et non plus régressive attire l'énergie psychique vers d'autres buts.

Voici comment un analyste anglais J. Redfearn[9], nous relate l'expérience qu'il a faite de ce transit. Ayant décidé d'aller faire une excursion en montagne, il se trouva, à un certain moment, en situation critique : alors que le sentier longeait un profond ravin au fond duquel coulait un torrent, le promeneur glissa sur le sol enneigé et fut pris d'une telle frayeur qu'il abandonna son projet d'escalade et revint à son hôtel. Il s'endormit et dans son sommeil revécut son aventure avec, tout d'abord, les puissants sentiments de frayeur qui avaient accompagné son vécu, puis, après plusieurs répétitions de cet événement, une image « merveilleuse » prit forme. La montagne s'était transformée en déesse, le ravin profond devenant la fente ouverte entre ses jambes. Le rêveur tantôt pénétrait par cette fente dans le corps de la déesse et explorait son corps avec ravissement, tantôt s'unissait sexuellement avec elle. Après ce rêve, il tomba dans un profond sommeil dont il s'éveilla en pleine forme.

Reprenant ce qui s'était passé lors de ce week-end, J. Redfearn en vint à analyser le rôle joué par cette image. Issue de la couche profonde de l'inconscient collectif, l'image de la déesse avait agi comme un « organisateur psychique », reliant l'exercice physique et sa participation émotionnelle au sens profond de la problématique actuelle du promeneur. D'un côté, la répétition du traumatisme tendait à en épuiser l'affect angoissant, et par ailleurs l'activité imageante proposée au dormeur, en lui faisant vivre la montagne comme une image maternelle déifiée, lui révélait la nature inconsciente de sa démarche et les peurs qui l'entravaient. Par la suite, ajoute le narrateur, il prit un plaisir accru à ses courses en montagne et y déploya une nouvelle adresse. La réalisation imaginaire du désir incestueux, en libérant l'énergie fixée névrotiquement, avait ainsi permis un nouveau mode de satisfaction conforme au réel.

L'INCESTE : DIALOGUE AVEC FREUD

Jean Gillibert dans une étude sur *La Sorcière* de Michelet [10] fournit l'occasion d'introduire un dialogue avec Freud sur l'inceste à la mère : « Le retrait farouche de Freud devant l'image ne l'empêche pas de la décrire et de la mettre toujours au terme d'un infini où la régression comme mécanisme (régression topique et temporelle) ne l'atteint pas cependant. » Derrière ce retrait farouche « se profilent l'ombre de la Sorcière et la Sorcellerie des désirs incestueux ». Né « coiffé », fils d'une mère merveilleuse, Freud a avancé et reculé devant l'ensorcellement délicieux et terrifiant de la chair (maternelle) dont il a cru que le principe paternel d'un intelligible pourrait le protéger.

L'INQUIÉTANT SENSIBLE

Mais encore plus loin que la fuite devant le « funeste et délicieux sensible », Freud a rencontré l'étrangeté d'un monde qu'il croyait révolu, celui du temps où la pensée magique, le recours au numineux et aux pratiques de sorcellerie essayaient de lutter contre les forces écrasantes de la réalité perçue. Il a d'ailleurs reconnu que ce monde, loin d'être éteint, bien que culturellement dépassé, avait laissé en nous des traces toujours capables de se réveiller, transformant l'angoisse en « inquiétante étrangeté ». Les facteurs qui engendrent cette qualité d'affect renverraient à l'archaïsme du vécu infantile et, par-delà, feraient revivre la façon dont les hommes au cours de leur histoire ont mis en scène les dieux et les démons pour composer avec l'incompréhensible. Si les pouvoirs prodigieux et donc terrifiants de ces instances surnaturelles, chargées de régler le destin du monde, ont peu à peu fait place à l'explication rassurante, Freud dans la découverte de l'inconscient a, dans le même temps, perçu les pouvoirs de la sorcière et les brûlures des bûchers qui l'entouraient. Son courage est de l'avoir reconnue et située, mais comme on comprend qu'il ait tracé le signe du Père devant Elle !

FILS DE LA MÈRE

Du côté de Jung, c'est le dévoilement de ce visage qui nous est proposé. Fils de la Grande Mère, par-delà la mère, Jung ne lutte pas contre l'inceste primordial ; bien au contraire il nous convie à nous y confronter pour y puiser une nouvelle force. Sa démarche fondamentale est l'interrogation de son énigme, détentrice des images, où, parmi elles, Œdipe, dans le Grand Œuvre, devient un moment historique, un organisateur du psychisme parmi d'autres.

En plaçant l'image au centre du champ de connaissance, Jung nous invite à chercher ce qui se profile derrière les représentations et à définir la nature de ce retour vers la mère, vie et mort, d'où peut renaître la lumière.

En ouvrant les yeux sur un monde inconnu, l'homme a tout d'abord rencontré la nature encore si proche de lui, mais qui constituait la trame de l'incompréhensible. Poussé par le besoin de comprendre qui fonde l'humain, il a observé ce qui lui en parvenait au fur et à mesure de ses découvertes : le rythme des jours et des nuits, celui des saisons, le cours du soleil, la croissance des plantes, la vie des animaux, etc.

Et ce monde que son champ de conscience appréhendait se recréait en autant d'images de vie qui venaient se mêler aux expériences psychiques et somatiques, par quoi il apprenait à se connaître dans sa subjectivité, et à moduler, en retour, ses réponses émotionnelles face à cet incompréhensible.

C'est ainsi que ces images primordiales auraient organisé les premières formes archétypiques. C'est pourquoi aussi les représentations qui nous en parviennent ramènent à la conscience de l'homme moderne des restes archaïques, certains, même, contemporains de ces lointaines expériences.

LA MÉMOIRE SENSORIELLE

Que l'homme ait gardé la mémoire de la chaleur du ventre maternel et la trace, tenace comme un parfum aimé, des premiers contacts corporels avec la mère, lorsque sa bouche, sa main, sa peau en exploraient la matière vivante du dehors, après l'avoir éprouvée du dedans, nous en retrouvons la bienheureuse trace à certains moments privilégiés. L'image, alors, se fait maternellement donnante, accueillante, bienfaisante. Les représentations en sont souvent puisées dans la nature : « Comme il fait beau... les couleurs brillent... les fleurs embaument... Ce vert est apaisant. »

Ces images, qu'elles soient produites au cours de rêves nocturnes ou d'imagination active, échappent à toute interprétation, mais se reconnaissent à ce quelque chose d'ineffable qui s'en dégage et à quoi peut se comparer le sommeil apaisé de l'enfant comblé.

Les expériences d'une sensorialité maternante sont souvent vécues dans la compensation d'un vécu conscient douloureux, à la limite du tolérable. Il m'a semblé que par le corps, mais au-delà du corps, ce qui se recréait ainsi, c'était le chemin de la « matrice » (forme) instinctuelle propre à l'espèce humaine, que le vécu historique de l'individu n'avait pas permis d'actualiser. Ici, on ne peut éviter la question quantitative et qualitative du « manque ». Nous ne savons pas à partir d'où et jusqu'où la cicatrisation peut se faire. Être analyste, c'est en vivre la question.

Je pense à cet homme rêvant que la première opération qu'il avait subie n'était pas suffisante et qu'il fallait de nouveau lui ouvrir la cage thoracique. La nécessité de cette opération vitale l'avait amené sur le divan de l'analyste, où, épuisé d'âme et de corps, il s'endormit souvent. À travers ce sommeil, autorisé et accompagné, une convalescence s'était amorcée et la parole, reconstituée au niveau le plus profond, avait même pu retrouver le nom du Père.

Je pense encore à cette femme, arrivée dans mon cabinet, suffocante de sanglots, symptôme d'une autre suffocation : ce qui l'étouffe, c'est l'image maternelle qui lui a été imposée et qui la possède. Sa mère, dit-elle, s'est faite son enfant et elle ne peut s'en délivrer.

Je lui demande de s'allonger et lui propose de participer à une expérience sensorielle. Plaçant mes mains sur son ventre, je lui parle de son corps qui peut être pour elle « une bonne mère ». Sent-elle la chaleur là où mes mains se sont posées ? Peu à peu, elle s'apaise, se détend, se réchauffe.

Un an plus tard, elle fait le rêve suivant : « J'aperçois une petite fille qui fuit devant une troupe de soldats à cheval ; ils la rattrapent et l'enfant roule sous les sabots des chevaux. L'homme qui m'accompagne et moi-même nous nous précipitons. Je prends l'enfant blessée et la couche sur un lit ; je me place à côté d'elle et mets la main sur sa tête, à l'endroit de sa blessure. J'ai peur qu'elle ne meure, mais elle ouvre les yeux et me sourit. Je me sens heureuse. »

Au réveil, elle a repensé au geste de mes mains sur elle : « C'était, ajoute-t-elle, le même que celui que j'ai eu avec la petite fille du rêve. »

LE PARCOURS SYMBOLIQUE DE L'IMAGE

Sur la double voie qui mène vers la mère et en assure la sortie, se place, nous l'avons vu, le transit incestueux. Parmi toutes les images qui ont trouvé leur matrice dans l'inceste primordial, j'ai fait choix de celle que Jung a mise au centre de sa *Psychologie du transfert*[11], car elle nous permet de saisir l'évolution de l'inceste dans sa fonction symbolique, tout comme dans sa capacité à transférer l'énergie libidinale qui, tout d'abord enfermée dans la mère, conquiert peu à peu sa liberté pour investir ses autres destins.

Dans le Jeu royal du « Rosaire des philosophes », le roi et la reine se font face, préludant à leurs noces amoureuses. Ici, cet autre qui entre en scène n'est plus la mère comme partenaire d'amour, même lorsque cette figure se fait encore le reflet narcissique du moi, mais parce qu'elle se représente dans la différence des sexes, elle porte la potentialité de la séparation d'avec la complétude du soi-même, et l'ouverture à la différence.

Nous nous demandons cependant si la Sorcière ne serait pas à l'œuvre dans cette entreprise, allumant sous les habits royaux l'antique désir d'inceste à la mère. Nous retrouverions alors, dans ces figures, ce qui en nous, avec Freud, fuit cet inceste et ce qui, avec Jung, nous invite à le suivre. Y aurait-il donc une « fonction de l'inceste », quel qu'en soit le partenaire — fonction certes devenue symbolique, comme en témoignent les images du couple royal, issu de l'ancien couple frère-sœur de l'antique hiérosgamos.

Mais que ce couple royal soit vécu dans le transfert analytique ou réalisé avec un partenaire de la vie sociale, tant que chacun s'attribue — et attribue à l'autre — le pouvoir de royauté, les « noces » ne pourront se vivre que dans un imaginaire clivé de son vécu. Seul le sacrifice de cette souveraineté ouvrira la voie à ce partenaire de soi, sexuellement différencié, que nous appelons animus et anima, et par qui passe la réalisation du soi [12]. L'inceste, en tant que maintien sous la domination de la « Grande Mère », est alors abandonné et l'énergie de sa forme peut nourrir les désirs d'union (dans la réalité), de conjonction des opposés (psychiquement réalisés) et les besoins affectifs qui vont chercher à créer de nouveaux liens de parenté, pour remplacer ceux qu'il a fallu sacrifier.

Lorsque le roi et la reine, si puissamment investis dans cette image qu'ils ont couronnée de leurs pouvoirs, sont parvenus à dépouiller leurs ornements royaux, ils deviennent ces partenaires capables d'établir la double relation avec soi-même et avec l'autre : le « je » et le « tu » peuvent dialoguer.

Les deux versants de la représentation

« Je n'ai jamais fini d'entretenir, d'aménager, de réparer ma maison : c'est épuisant ! » se plaint cette femme au cours d'une séance d'analyse. Or, tout à coup, son discours prend un tout autre accent que celui d'une banale constatation sur le « trop à faire » quotidien, lorsqu'elle ajoute : « De plus, je me rends compte que je ne m'y sens pas libre d'y faire autre chose que "travailler". » Après un temps de silence, elle se met à raconter son dernier week-end, passé hors de la maison. Ce qu'elle en dit contraste totalement avec l'expérience précédente : il n'y est question que d'aisance, de liberté, de disponibilité amoureuse. L'évidence de cette opposition est si saisissante qu'elle devient le point de départ d'une prise de conscience de ce que « représente » pour elle sa maison. Elle se rend compte que, doublant la maison de pierres et d'ardoises, elle a édifié une maison imaginaire personnifiant un couple parental idéalement uni. Dans cette tentative pour nier une réalité douloureuse, le divorce de ses parents survenu dans son enfance, elle devait faire preuve d'une vigilance sans relâche pour maintenir assemblées les pièces de l'édifice, comme si la moindre inattention, le moindre divertissement risquaient de faire s'écrouler le fragile château de cartes.

À L'ÉCOUTE DE LA VALEUR

Ce qui frappe tout d'abord sa conscience, c'est la plainte douloureuse qui l'affecte quand elle parle de sa maison, contrastant avec la note joyeuse du récit de son week-end. Nous voici du coup attentives à la façon dont elle distribue ses valeurs : celles à tonalité « négative » concernent surtout les activités de la maison, celles à tonalité « positive » sont plutôt réservées à l'extérieur, les pulsions d'Éros servent de mesure pour ses appréciations. À partir de cette estimation des valeurs, l'analysante va dérouler des associations autour de ces deux pôles : celui des contraintes, celui des satisfactions et du plaisir. Nous notons aussi que tout au long de la séance elle fera référence à son corps pour exprimer cette double polarité : les tensions, les douleurs, voire les somatisations d'un côté et l'aisance des mouvements, le bien-être, la capacité de se mouvoir à son propre rythme pour l'autre versant. En outre, elle constate combien cette « représentation » qu'elle vient de percevoir contraint son corps à être l'acteur d'un jeu qui ne lui convient pas : celui de la « femme qui doit s'épuiser dans les tâches domestiques » (rôle qui, pour être convaincant, doit être joué sans « relâche »). Mais, de plus, ce corps actuel la ramène à celui de l'enfant si sage qu'elle était. Elle découvre alors l'étonnante mémoire de son corps pour qui le temps passé continue à se vivre au présent. Mémoire remontée des profondeurs et dont le surgissement réanime les expériences anciennes, les émotions jadis refoulées, les vécus douloureux. Mais que vient-elle actualiser dans l'ici et le maintenant de cette prise de conscience ? Un passé réel ou quelque chose d'autre qu'elle ne sait pas comment appréhender sinon justement par cette fameuse « représentation » ? Réminiscence ? Certes, mais il semblerait qu'il s'agisse d'un inconnu pour son « moi », un inconnu qui pourtant doit lui être bien familier pour qu'il se fasse si aisément « sien » lorsque le sens éclate à son conscient !

LA MAISON RECONSTRUITE

Ainsi, pour notre analysante, cette « étrange maison » issue en ligne directe de la petite fille trop sage semble être le représentant de l'organisation psycho-affective d'un autre temps, celui où elle vivait en refoulant une agressivité camouflée sous l'assiduité et le travail bien fait avec le secret espoir que tant de sagesse ne pourrait qu'être récompensée ! Temps où elle devait fermer son cœur au choix d'amour pour que la séparation de papa et maman ne soit pas imputable à une préférence de ses sentiments. « Non, non, devait-elle se dire, le couple parental est indissoluble... J'aime maman comme j'aime papa : mes parents, c'est ma maison, ma sécurité, et jamais je ne l'abandonnerai... Jamais je ne cesserai de bâtir ce qui ne sera jamais plus... »

Cependant, cette analysante a depuis longtemps fait le deuil de ce couple parental. Elle s'en est déjà longuement expliquée en analyse. Que s'est-il donc passé pour elle ? En examinant les différents événements de sa vie, elle se rend compte que depuis un certain temps, ils venaient ébranler son sentiment « d'être en sécurité » sans qu'elle y ait d'abord pris garde. Elle sentait que quelque chose n'allait pas, sans pouvoir le définir. L'image de la maison, représentation de son vécu actuel, en unissant les différents temps de ses expériences affectives, lui a permis d'intégrer les éléments d'une représentation « archétypique » restée fixée sur un mode enfantin. On sait que cette représentation (celle des parents) apparaît de façon très précoce dans les dessins d'enfant, jaillie de l'inconsciente certitude de la réalité : « Il y a un papa, une maman et "les parents" », me disait un petit garçon de quatre ans. Figure qui s'accompagne d'un sentiment de sécurité renforçant l'instance narcissique primaire (au sens où B. Grunberger la définit). Pour nous, elle participe de l'évolution du soi chez l'enfant.

LES « PARENTS »

Cette figure accompagne la perception d'un père et d'une mère « séparés ». Elle tire de son origine une puissance particulière nécessaire pour maintenir la cohésion sécurisante ébranlée par la conscience d'un père et d'une mère différenciés. C'est donc lorsque la tension entre ces deux opposés devient trop forte que nous voyons se manifester la tendance à recourir à l'union « parentale » en tant qu'être un (je rappellerai que le « un » se rapporte à l'organisation du soi et que cet archétype est constellé sur un mode de compensation lorsque le moi ressent un danger de morcellement). Ainsi l'image des « parents » apparaît comme une représentation du soi dans sa fonction unifiante. L'inconscient de l'enfant exprime la tendance à unir les opposés par « les parents » et nous voyons ici combien cette représentation peut rester vivace à l'âge adulte.

Revenons à notre exemple. Cette analysante venait de vivre des expériences touchant à la séparation qui avaient réactivé l'angoisse d'insécurité éprouvée lors du divorce parental — et, bien certainement, plus précocement encore, dans sa relation archaïque avec sa mère. La représentation montée à son conscient, lors de la séance d'analyse rapportée ici, faisait, nous l'avons dit, référence à une parentalité archétypique toutefois maintenue dans l'imaginaire pour compenser son angoisse de séparation. Cependant, à travers l'interprétation de l'analysante quant à son sens actuel et le travail d'intégration des divers contenus de cette représentation, c'est l'affect « négatif » de cette figure qui avait orienté sa prise de conscience. Ainsi nous avions d'une part une représentation archétypique qui avait dû accompagner de façon souterraine l'évolution de la personnalité de la petite fille à la femme adulte, représentation inconsciente dont nous parvenait ce jour-là cette image de « maison ». D'autre part, la tonalité « négative » de la représentation signalait l'usage « névrotique » de son fonctionnement et renvoyait à la relation d'objet passée et actuelle.

LA DOUBLE POLARITÉ

Nous avions reconnu l'attachement enfantin au passé, mais l'essentiel du mal-être de cette femme reposait sur un conflit actuel entre des pulsions contradictoires, conflit qui trouvait son origine dans les modalités des relations qu'elle avait nouées avec ses deux parents. Nous avions maintenant affaire non plus seulement à l'aspect archétypique de la représentation mais à son versant pulsionnel, orchestré par la « relation d'objet ». Les figures du père et de la mère apparurent alors sous un éclairage nouveau, révélant les exigences qu'elle avait fait siennes tout au long de sa vie. Elle eut conscience qu'elle s'était constamment efforcée de prouver au père son amour, ce qui l'obligeait à être l'objet « bien aimé » du désir des hommes « pères » dont elle s'était entourée. Quant à la « mère », il fallait, pour lui faire oublier cet amour privilégié (mais refoulé) envers le père, une compensation à l'allure sacrificielle : « celle qui s'occupe de la maison » dut remplir ce rôle. Frotter, dépoussiérer, faire briller les choses de la maison, c'était maintenir cette mère hors des atteintes du temps, hors de la mort, hors de sa haine.

En choisissant cet exemple, j'ai mis l'accent sur la double polarité de la représentation archétypique et pulsionnelle, support de la dynamique analytique. Mais ces deux organisations se croisent-elles ou sont-elles autonomes ? Freud et Jung ont ouvert, devant nous le chemin de cette interrogation reprise et poursuivie de théorie en théorie, comme chez B. Grunberger[13] : « Je rappellerai que [...] l'origine biparentale des chromosomes de l'homme se trouve représentée dans son inconscient non seulement par la présence d'un principe mâle et d'un principe femelle, mais par des idéogrammes figurant les deux principes à l'aide des images du père et de la mère. »

Et il poursuit : « [...] Les analystes freudiens tendent de plus en plus à admettre que le moi se constitue à l'aide d'images parentales père et mère, même si l'un des deux parents fait réellement défaut, ce qui prouve que l'imago parentale "double" a sa représentation dans l'inconscient lui-même. Il s'agit-là d'une dimension de la vie psychique qui évolue pour son propre compte et qu'il ne faut pas confondre, à mon sens, avec la série relationnelle : auto-érotisme, relation binaire et Œdipe. »

LA VOIE DE FREUD

Vorstellung : présentation, représentation, ce qui se présente, ce qui se représente, représentation (dans le sens de spectacle)[14].

Ce que Freud pour sa part va chercher à atteindre, c'est « ce qui se représente ». Démarche qui a pour but de trouver l'accès au monde inconnu des choses inconscientes, ce qui l'a amené à différencier une « représentation de mots », dont le champ d'action est le système préconscient-conscient, et une « représentation de choses » qui enfonce si loin ses ramifications que Freud, à ce propos, a pu parler de « représentation inconsciente ». Ainsi : « une pulsion [*Trieb*] ne peut jamais devenir l'objet de la conscience, mais seulement la représentation qui l'évoque. Mais dans l'inconscient également, elle ne peut être évoquée que par la représentation » (citation relevée par Jung[15], qui, lui aussi, s'interrogeait sur le « sujet de la volonté inconsciente »). Cependant Freud a très vite remarqué que la représentation et l'affect pouvaient avoir des destins séparés. Tantôt, en effet, on assiste à des déplacements de l'affect d'une représentation à une autre, tantôt c'est la représentation qui est refoulée, comme dans l'hystérie, et l'affect est alors converti en énergie somatique, tandis que la part symbolique de la représentation revient au corps. Il serait d'ailleurs plus juste de dire qu'il s'agit non de la représentation en soi mais de la forme que prend cette représentation. C'est cette forme qui sera ou non compatible avec la capacité actuelle d'intégration du moi. La représentation inconsciente « mère (attractive-répulsive) » peut revêtir la forme « sorcière », « déesse du blé », « femme allaitant son bébé », etc. C'est seulement grâce à l'affect lié à telle ou telle de ces formes que celle-ci sera, ou non, choisie, car c'est par le quantum d'affect que le moi perçoit la qualité de la pulsion qui s'y représente.

Représenter l'absence

La représentation est donc avant tout représentation d'une absence. C'est parce que l'objet fait défaut qu'il faut en ressusciter la présence, non pas simplement en le faisant réapparaître, mais en l'actualisant sur un autre mode. Cet objet qui a cessé d'être dans le moment où il disparaissait laisse, en compensation de son absence, une « valeur » que le sujet aura la capacité de négocier au moyen de signes à la fois individuels et propres à l'espèce, les symboles.

C'est en observant un bébé de sa famille en train de jouer avec une bobine et une ficelle que Freud aurait découvert un des points ultimes de la genèse de la représentation. Ce que nous observons dans nos analyses de la capacité ou de l'incapacité à représenter « l'objet absent » prend son origine dans ce jeu du « fort-da », sorte de jeu « hallucinatoire » par lequel l'enfant exerce son propre pouvoir à créer des objets substituts de la mère absente. L'intérêt de cette observation a été de nous montrer comment s'opéraient les prémisses de la représentation. On y remarquera la part prépondérante dévolue à l'acte moteur : lancer/faire revenir.

Mais ce qu'ont souligné les théoriciens de l'après-Freud, comme A. Green[16], c'est que pour que ce « fort-da » ait valeur d'acte déjà symbolique, il faut qu'une relation à l'objet-mère (le sein) ait été suffisamment établie, et que, d'autre part, la séparation qui s'instaure entre la mère et l'enfant soit compensée par un investissement narcissique. C'est-à-dire que l'enfant ait pu trouver sa place dans le désir de sa mère et que celle-ci soit capable de sacrifier cet « Un » qu'elle formait avec son enfant sans cesser de l'aimer. Ce n'est qu'à cette condition qu'elle servira de « cadre » pour l'exercice du jeu d'absence/présence et que celui-ci deviendra la base structurante des futures représentations.

Faire de la mère

J'ai assisté un jour à ce jeu réalisé par un jeune garçon de sept ans dont le développement s'était effectué de façon très chaotique. Il opérait avec un couvercle de boîte qu'il lançait au loin et allait chercher. Lorsque l'objet roulait hors de sa portée, il allait chercher sa mère pour qu'elle le lui rapporte. C'était, au dire de sa mère, son jeu préféré. Ici le jeu répétitif essayait en vain d'accrocher « la mère absente » : elle se dérobait sans cesse à l'appel de l'enfant et échappait aux mains qui essayaient de la contenir.

La représentation aurait donc pour première fonction de « faire de la mère » ; celle-ci, fondement du principe relationnel, donne à l'enfant d'abord, à l'adulte ensuite, l'ouverture symbolique au monde et lui fournit le modèle de communication avec les objets.

Les fantasmes originaires

Chez Freud, la place impartie aux traces phylogénétiques dans l'histoire d'un sujet est loin d'être négligeable. Pour lui, ces traces proviendraient de faits ayant réellement existé dans l'histoire de l'humanité, puis la réalité de fait serait devenue réalité psychique. Freud fait l'hypothèse qu'en passant du fait réel à la réalité psychique, les événements auraient subi une série de transformations pour aboutir à ce qu'il nomme les « fantasmes originaires ». Véritables schèmes organisateurs, ils s'ordonnent autour de l'axe structurel que représente le complexe d'Œdipe. Celui-ci agit comme l'indicateur du sens et l'agent de signification des événements qui relèvent de cette sphère.

Éros et Thanatos

En plaçant la sexualité au centre de sa théorie, Freud a chargé la représentation de questionner l'énigme. Ce qu'il en attend, c'est, nous l'avons vu, de faire apparaître les éléments et les processus par lesquels les pulsions trouvent leurs expressions psychiques, « se représentent », ainsi que les avatars de leurs différents niveaux d'organisation. C'est aussi ce qui de la vie à la mort se lie et se délie dans le double jeu d'Éros et de la destruction : à l'union des sexes dans laquelle le plaisir et la jouissance servent la survie de l'espèce, répond la tendance opposée, celle du retour à l'inorganisé. Le fantasme de la scène primitive sert de butée à ces deux versants du narcissisme, celui qui par la reconnaissance des différences débouche sur la vie en reliant les générations entre elles et celui qui s'ouvre sur la mort, le retour au même et l'enfermement dans l'Autre.

LA VOIE DE JUNG

Tout comme Freud, Jung a mis sa passion à découvrir les secrets de l'inconscient, mais son mode d'accès à cette connaissance est différent. Très tôt, en effet, il a été saisi par l'importance des processus inconscients comme organisateurs de la réalité psychique. Contrairement à Freud, qui d'emblée avait doté la sexualité de la qualité de référent du sens et de la signification des représentations, Jung, sans aucunement méconnaître la portée de la sexualité, a placé le sens de la représentation sur une autre orbite.

Les processus inconscients

Sa démarche, comme il le rappelle constamment, a toujours été empirique : c'est au contact de ses patients qu'il a progressivement élaboré sa théorie de la représentation. Dans *Les Racines de la conscience*[17], il nous relate les étapes de ses découvertes. Ce qu'il voit tout d'abord apparaître sous son regard attentif de praticien, c'est un bouillonnement chaotique d'images ou de manifestations informelles qui peu à peu s'ordonnent en figures géométriques opposées ou unies dans une forme qui en réalise la conjonction. Puis ces signes abstraits, qui pour Jung révèlent déjà l'activité de « principes formateurs », alternent ou cèdent la place à des motifs variés dans lesquels il est loisible de reconnaître, de près ou de loin, des thèmes mythologiques. Quelque chose comme des « fantasmes originaires » qui se développeraient sur le modèle des organisations successives utilisées par les diverses sociétés humaines pour rendre compte de leurs origines et de leurs aspirations, autrement dit, les mythes.

Cette coïncidence entre les fantasmes guidés par « des régulateurs inconscients » et les productions culturelles a très vite fixé l'attention de Jung. Sa conception de l'inconscient collectif s'est étayée sur cette observation. Mais ce que Jung en a tout d'abord retiré, c'est une pratique de l'analyse. Il réalisa alors que si les éléments formels étaient connus du conscient, leur action en tant que « principes de formation » était inconsciente, encore que sur tout le processus semblait « planer une obscure prescience ». C'est alors que pour Jung il devint évident que « l'image et le sens étaient identiques » : « La forme n'a pas besoin d'interprétation, elle représente son propre sens. » Encore faut-il qu'il y ait un moi pour l'accueillir, un conscient capable de symboliser, c'est-à-dire de saisir le rapport entre ce qui se représente et le lointain objet de la représentation afin de le relier au vécu actuel du sujet.

Jung, qui avait une grande expérience des psychotiques,

s'était rendu compte qu'il n'était pas question pour la plupart d'entre eux d'avoir accès à ces processus inconscients par la chaîne des associations verbales.

Techniques d'approche

Dans sa pratique de l'analyse, il avait très tôt estimé qu'il incombait bien souvent au thérapeute de fournir l'appui nécessaire au processus pour qu'il puisse s'actualiser, et cela d'autant plus que le moi du patient révélait son insuffisance à transformer en expérience l'énergie de la représentation. Pour aider à ce transfert d'énergie, Jung proposait à ses patients deux façons de traiter la représentation, l'une qu'il appelait « l'imagination active[18] », l'autre « l'amplification ». Toutes deux avaient pour but de maintenir la représentation en tension avec sa source émotionnelle, mais l'une directement, par l'activation d'une imagerie personnelle, l'autre indirectement, en permettant au sujet de décharger ses affects sur des formes collectives, certes plus distanciées de l'expérience subjective, mais aussi moins dangereuses pour le moi, tout en touchant à la même sphère émotionnelle. La solitude ressentie par un moi qui tente de s'individuer peut, du fait de ce partage d'expérience, s'en trouver soulagée. Ainsi, l'épreuve de la peur qui accompagne pour l'enfant les étapes de séparation d'avec la mère se représente très souvent par des figures collectives, encore actives émotionnellement dans la culture du sujet, même si elles ont cessé d'être réellement présentes historiquement. Le loup, la sorcière, l'ogre continuent à fournir aux enfants l'appui de leurs images, relayées et amplifiées par des contenus culturels toujours vivants et par là signifiants.

Les représentations archétypiques

Jung a particulièrement étudié le mode de fonctionnement de ces organisateurs inconscients que sont les archétypes. Leurs représentations, note-t-il, se manifestent au conscient par des affects. C'est la fonction de ceux-ci, ainsi que la façon dont ils accompagnent, ou non, l'émergence des mouvements instinctuels, que nous prenons en compte dans l'analyse. Nous remarquons en effet que lorsqu'un instinct ne se manifeste que sur son versant physiologique, il fonctionne sur le mode du clivage par rapport au pôle archétypique chargé de signifier son destin psychique.Ce que Jung formule en ces termes : « En tant qu'image de l'instinct, l'archétype est psychologiquement un but spirituel vers lequel tend la nature de l'homme [19]. » C'est pourquoi un instinct coupé de l'archétype a peu de chance d'être intégré au conscient !

L'ESTIMATION DE LA VALEUR

La tonalité affective constitue donc, pour nous, l'outil majeur d'évaluation de la représentation. Le terme de *valeur* est, ici, central : « Aucun phénomène psychique ne peut en effet être saisi uniquement par l'intellect, car il n'est pas seulement formé de sens, mais aussi de valeur et cette dernière repose sur l'intensité de la tonalité de sentiment qui lui est lié [20]. » Or, c'est « la valeur affective qui mesure l'intensité de la représentation et l'intensité à son tour exprime la tension énergétique, le potentiel effectif de cette dernière ». Nous avons pu voir dans l'exemple que je donnais en commençant quel rôle avait joué cette appréciation de la valeur : c'est en attribuant un signe « négatif » aux activités de la maison et un signe « positif » aux activités de l'extérieur que cette analysante avait pris conscience de ce vers quoi la renvoyait la représentation de la maison qu'elle venait de découvrir, mais le point de départ de sa prise de conscience avait été occasionné par l'intensité de l'affect éprouvé dans la séance. Si la perception de la valeur négative avait mis un certain temps à parvenir au moi, c'est, comme nous nous en étions rendu compte, parce qu'elle touchait à une figure de l'ombre, soigneusement refoulée hors du conscient. Il avait fallu toute l'importance accordée à l'éros, fortement chargé en valeurs « positives », pour contrebalancer l'autre pôle. Cependant c'est l'affect douloureusement ressenti qui nous avait d'emblée renseignés sur la « valeur du sentiment » qui détenait cette représentation.

L'ombre

Il revient donc au moi le pouvoir d'éprouver, et par conséquent de révéler la valeur des tonalités affectives. On comprend alors pourquoi les figures de l'ombre sont si fréquemment refoulées hors du conscient. C'est une des fonctions du rêve de proposer au moi des occasions de rencontrer ces parts inconnues, ou méconnues, de lui, qu'il s'efforce de tenir à l'écart de la conscience. Étirant leur gamme de valeurs du plus noir au plus lumineux, ces représentants de l'ombre agissent sur un mode compensatoire par rapport à la position du conscient. Orgueil et humilité y figurent le couple d'opposés le plus fréquemment sollicité ! Pour cette raison, nous disons que l'axe moi-soi se constitue autour de cette fonction, appelée par Jung « fonction de sentiment », le risque d'inflation de l'un ou de l'autre pôle se signalant ainsi à la vigilance du conscient.

LA PLACE DU SOI DANS LA REPRÉSENTATION

Le soi, même lorsqu'il ne se manifeste pas directement, est présent dans toute intégration au conscient d'un nouvel élément de représentation. Cette façon d'envisager l'événement psychique met en évidence l'enjeu du conflit qui se joue entre le désir de préserver l'image de totalité si absolument narcissique dans sa plénitude, et la nécessité, pour la rendre assimilable par le moi, de n'en saisir que ce que l'instant peut en contenir. C'est d'ailleurs grâce à ce sacrifice que le désir, né dans cette faille, peut se faire appel vers l'autre.

EN GUISE DE CONCLUSION

Ainsi, de Freud à Jung, nous avons poursuivi la représentation jusqu'au plus près de ses origines. Ce faisant, nous avons découvert que la série des représentations inconscientes et celle de la relation d'objet se croisent nécessairement et qu'on ne saurait les séparer dans la pratique.

Pour illustrer ce double mouvement, voici un rêve.

Le rêve du serpent

« Un grand serpent blanc se penche sur un berceau d'enfant, glisse vers la porte fermée de la demeure et se dresse verticalement sur son seuil, puis il rampe et disparaît sous une couverture qu'il fait onduler au passage. » Ce rêve sera travaillé sur deux plans, celui des représentations archétypiques et celui de l'inconscient personnel. Dans le premier, qui concerne « les processus formateurs de la psyché », le serpent, par la tonalité affective qu'il provoque, révèle son propre sens. Mais il a fallu que celui-ci emprunte à l'inconscient collectif une de ses figures, issues des couches profondes de la psyché ; là où se sont formés les antiques symboles de l'humanité. Le serpent est aussi « vieux que le monde » et, comme tel, il garde en lui les traces des expériences les plus archaïques et celle de la plus haute sagesse. Signe de contradiction il apporte la vie comme la mort. Son passage dans les rêves ne laisse jamais indifférent. Notre rêveuse l'a bien senti. Elle s'est efforcée de l'accompagner dans son parcours, et d'en accueillir les messages, au plus près de ses émotions, et elle s'est aussi livrée à la démarche associative, ce qui l'a menée à retrouver des souvenirs enfouis, des élans et des désirs anciens qui l'ont conduite à rejoindre le serpent sous la couverture où il l'attendait pour la relier à la lignée de ses ancêtres et l'ancrer dans la Terre-Mère, avant de l'ouvrir au désir.

CHAPITRE V

NARCISSE À L'ÉPREUVE DE L'ANALYSE

Le jeu royal, ou l'amour de transfert

Dans la *Psychologie du transfert*[1], Jung pose le nom de Freud au début de son prologue, marquant ainsi son accord avec la conception freudienne du transfert dans la thérapeutique analytique. Cependant, et nous retrouverons là son cheminement singulier, Jung va en détacher sa propre théorie enracinée dans son expérience. A partir de celle-ci, il fait la remarque suivante sur l'importance du transfert : « Dans un cas, écrit-il, sa présence représente le tournant vers le salut, dans l'autre au contraire, un obstacle, des difficultés sinon pire, tandis que dans d'autres encore, le transfert s'avérera d'une importance pratiquement nulle » (p. 15). Ce « pratiquement nulle » m'a tout d'abord laissée rêveuse, dans la mesure où notre pratique nous montre qu'il n'y a pas d'analyse sans transfert, son absence y signant une résistance — comme c'était le cas pour cet homme qui se vantait de n'avoir jamais « éprouvé » de transfert pour moi, pas plus d'ailleurs qu'avec ses précédents analystes masculins. Je répondis à cela qu'on pouvait tout autant s'en défendre que le désirer ! Malicieux, son inconscient nous adressa en réponse un rêve de transfert sans équivoque qui mit fin à ses incertitudes.

LA RELATION DE TRANSFERT

Cependant, si nous voulons comprendre cette formule de Jung autrement que comme une résistance au transfert, ou pour le moins une certaine ambivalence quant à sa place dans l'analyse, il nous faut commencer par nous interroger, à notre tour, sur les divers aspects de la relation qui s'établit entre les partenaires d'une analyse. Nous sommes ainsi amenés à constater que dans certains cas, ou à un moment donné du parcours, il nous semble assister au déroulement d'un processus dont nous ne serions que les témoins privilégiés. Pourtant là aussi il s'agit d'analyse et nous sentons bien que notre présence y est active, sans toutefois cette implication particulière que nous avons appris à reconnaître comme étant du « transfert ». Tout se passe donc comme si la relation analytique obéissait à des lois dont les modes d'organisation varieraient selon les besoins du moment, et qui entreraient en fonction lorsque les conditions requises seraient réunies. Ainsi, l'interrogation posée plus haut sur « l'importance pratiquement nulle » du transfert pourrait renvoyer d'une part à l'intensité du vécu relationnel et d'autre part aux modalités de ce vécu. Autrement dit, les variations d'intensité des énergies mises en mouvement dans le champ analytique seraient relatives à la position des partenaires dans la double perspective qu'ils occupent, inter- et intrapsychique. Jung va utiliser les termes de processus d'individuation et de transfert pour essayer de faire apparaître les formes de cette énergie psychique mobilisée dans la rencontre avec l'autre et avec soi-même, ce qui revient pour lui à poser la notion d'archétype au centre de la rencontre et à en étudier le fonctionnement. Mais Jung n'est pas très à l'aise quand il s'agit de rendre compte de la vie même du transfert ; c'est pourquoi il l'aborde sous une forme symbolique : « L'exposé des phénomènes de transfert, écrit-il, est une tâche aussi difficile que délicate et je n'ai pas su l'aborder autrement qu'en prenant appui sur le symbolisme de l'œuvre alchimique» (p. 195). Néanmoins, grâce à cet appui, Jung nous livre de précieuses réflexions sur sa pratique d'analyste.

Toutefois ce double recours, alchimique et psychanalytique, ne facilite pas le repérage de notre position. Pour ma part, j'ai choisi la voie clinique, c'est pourquoi les références que je ferai à la « psychologie du transfert » seront envisagées sous cet angle et non sous celui de l'alchimie. Par ailleurs, dans le processus transférentiel, j'ai privilégié l'étape de la rencontre en essayant de relever ce qui revient à la mise en place de l'archétype du « jeu royal » plutôt qu'à son déroulement.

LES RÈGLES DU JEU

Freud a parlé du rêve comme étant la voie royale d'accès à l'inconscient ; Jung, lui, va qualifier de « jeu royal » la rencontre transférentielle. Ainsi, de part et d'autre, la royauté couronne de sa puissance les forces obscures de l'inconscient, faisant appel à ce quelque chose qui, en nous, frémit encore à cette évocation archétypique.

Tout au long des pages de son livre, Jung a déroulé pour nous le drame de ces noces royales, illustré par les belles figures du « Rosaire des philosophes ». Il y entrecroise deux propositions, l'une qui poursuit à travers le modèle de l'œuvre alchimique l'étude du processus d'individuation, l'autre qui explicite plus particulièrement ce qui s'observe dans le transfert « classique »[2] analytique. Le pivot d'articulation de ces deux thèmes étant constitué par les mécanismes de la projection : contenus, mise au conscient et retrait. Ce qui se vit pour un individu au cours de son existence est donc tissé de la même matière que ce qui se vit dans le transfert. Les protagonistes du jeu royal y sont les mêmes, mais ils ne se placent pas forcément de la même façon, les temps du drame s'y vivent autrement et la venue des acteurs sur la scène n'intervient pas dans l'ordre attendu, en sorte que le spectateur croit assister à des pièces différentes, alors que, pour un observateur attentif, il est loisible de repérer l'apparition du couple royal et de retrouver la trame du récit. La pièce, idéalement, va se terminer lorsque les acteurs ayant retiré leurs masques, quitté leur rôle, se désignent par leur véritable nom. Mais le jeu peut aussi s'arrêter autrement, lorsque, par exemple, à l'intérieur de la représentation la vérité se lève sur l'un des personnages, l'illusion cédant devant l'intuition du cœur (comme dans une pièce de Marivaux), à moins que, prolongeant le vertige fascinant de cette même illusion, les personnages n'y succombent, histoire racontée à soi-même à travers l'autre, Narcisse sans cesse recommencé. Dans l'un ou l'autre cas, la représentation continue jusqu'au prochain avatar du jeu.

Si dans cette métaphore du mariage du roi et de la reine, on peut reconnaître les partenaires de la relation transférentielle et ceux du processus d'individuation, Jung nous donne sous la forme de deux schémas les diverses modalités des relations qui s'y jouent (p. 81-88) :

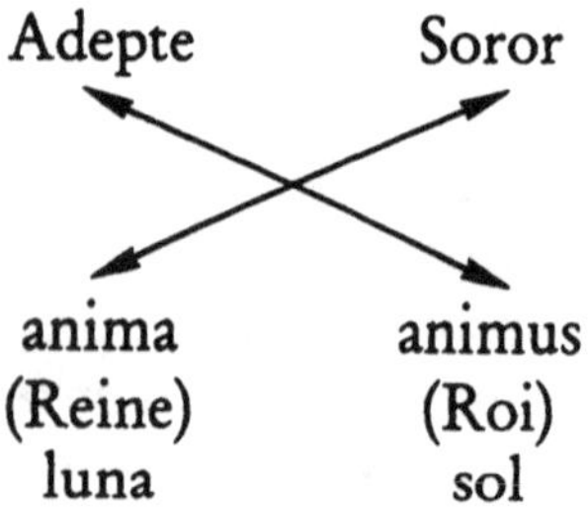

Schéma 1

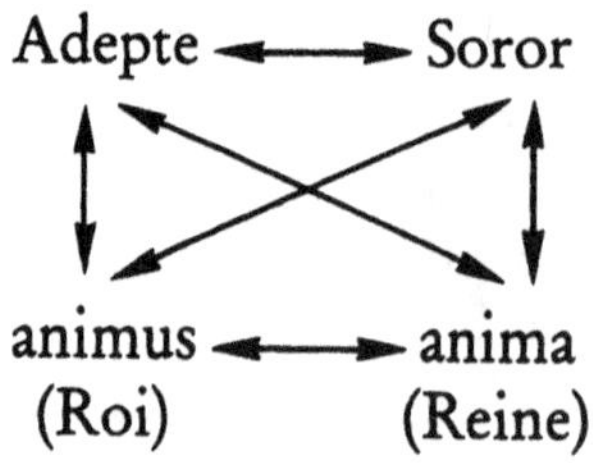

Schéma 2

Nous y retrouvons sous les traits de l'adepte et de la soror le couple analytique avec leurs parts conscientes et inconscientes (leurs doubles et leurs complémentaires psychiques, comme dirait Pierre Solié[3]), représentées par les figures de l'ombre, de l'animus et de l'anima, ces autres de soi homo- et hétérosexués, dont nous parlerons tout au long de ces pages.

Nous voici donc devant les protagonistes du jeu. Mais avant de les suivre sur la scène analytique, écoutons les recommandations énoncées par Jung qui connaissait bien les pièges de ces fascinantes figures : « La réalisation consciente de l'unité intérieure est inséparable de la relation humaine qui en est une condition indispensable, car sans lien *consciemment* [c'est moi qui souligne] reconnu et accepté avec le prochain, il n'y a pas de synthèse de la personnalité » (p. 95).

L'ARCHÉTYPE DE LA RENCONTRE ROYALE

Dans l'analyse des adultes, nous rencontrons rarement la représentation de la forme royale elle-même pour signifier la place occupée par le roi et la reine. Pourtant nous ne nous trompons pas en attribuant ce rôle à telle ou telle représentation, même plus modeste, figurée ou non par l'analyste. La scène de la rencontre, celles de l'union des corps ou du bain pris en commun sont parmi les plus fréquemment rapportées dans les séances ; mais il n'est pas nécessaire qu'elles y soient manifestement évoquées.

Je me souviens d'un patient qui, après plusieurs autres périodes d'analyse, était venu me trouver. Rien dans l'attitude ni dans les contenus des séances ne semblait relever de cette rencontre du roi et de la reine. Les rêves rapportés plongeaient dans un inconscient collectif bien loin de son vécu personnel et je recevais, jour après jour, ces messages incompréhensibles. Ceux-ci peu à peu cependant perdaient leur caractère inhumain et j'avais l'impression que l'incommensurable distance ressentie entre nous au début de l'analyse s'amenuisait.

Puis, un jour, il m'adressa un message personnel sur lequel je ne pus me tromper !

Cette situation, apparemment banale, m'avait d'autant plus frappée que j'en étais à mes débuts d'analyste et que ce que je vivais alors restait pour moi chargé de questions sans réponses. Je vais aujourd'hui essayer de les formuler et d'en relever ce qui pourra nourrir nos hypothèses théoriques.

La place des protagonistes à travers une analyse d'homme

J'avais bien perçu comme étant du transfert ce quelque chose qui s'était constitué entre nous et pourtant la participation du patient et la mienne y étaient fort différentes. S'il était conscient de sentiments amoureux pour moi, pourquoi il l'était et de qui il l'était en réalité demeuraient inconscients. Pour ma part j'étais surtout consciente de l'intérêt positif qu'il m'inspirait (l'éros thérapeutique). Mais comment concilier le sentiment éprouvé par cet homme pour moi, femme, avec la proposition des figures du Rosarium où nous voyons le féminin (anima-reine) de l'homme rencontrer le masculin (animus-roi) de la femme ? Si nous reprenons le schéma, plaçant le patient en position de l'Adepte et la Soror qui l'assiste en celui de l'analyste, nous voyons apparaître le dessin suivant : l'anima est projetée sur l'analyste qui occupe la position de la reine, transfert classique où va se profiler tout au long de cette projection le jeu des imagos. Quant au patient, il va chercher à s'identifier à une image idéale masculine qui doit faire pendant à celle de la reine pour que la rencontre royale puisse s'opérer. Certes un idéal du moi narcissiquement investi trouve là le moyen de s'exprimer, mais nous pourrions tirer un meilleur parti de la proposition de Jung : « Le couple royal des alchimistes, écrit-il, était généralement le frère et la sœur et à l'occasion le fils et la mère » (p. 88).

Cela voudrait dire que l'inconscient du patient est allé solliciter ce couple incestueux, ici sans nul doute mère-fils, dans l'inconscient de l'analyste, afin d'y prendre appui pour retrouver les chaînons manquants de sa propre histoire de sujet. Nous examinerons plus loin le pourquoi d'un tel recours. Pour le moment revenons à notre couple royal. Si nous voulons comprendre quel est l'enjeu des forces en présence, il nous faut avancer un autre pion sur l'échiquier. Nous supposons que l'analyste (femme) accepte le transfert de l'anima, ce qui sous la forme alors en cause ne devrait pas présenter trop de difficultés. Par contre si l'archétype du roi/fils-amant n'a pas déjà été repéré dans son propre parcours, il risque de se produire une projection de cette figure sur le patient (avec risque de passage à l'acte) ou, à l'opposé, un recul devant la charge libidinale pulsionnelle de cet archétype (refoulement). Dans les deux cas, la rencontre royale resterait maintenue dans l'inconscient, ce qui ne veut pas dire qu'aucun transfert ne puisse s'instaurer, mais qu'on ne pourra utiliser la puissance de l'énergie représentée par le couple royal pour la poursuite de l'analyse.

Examinons à présent justement si d'autres éléments du transfert ne s'étaient pas déjà fait connaître, concourant à l'éclosion de ce moment fécond de l'analyse que nous étudions ici. Si je tente de recomposer nos attitudes d'alors, je dirai que mon écoute « en creux » devenait à certains moments active, tendue, dressée vers sa parole, alors que celle-ci s'accompagnait d'une réceptivité de plus en plus ouverte et accueillante. Nos pôles respectivement actifs et passifs se rencontraient ainsi deux à deux, ébauchant un quaternion croisé.

De plus, révélé par des mouvements profonds, je décelai assez vite chez mon patient un aspect de son anima fixé dans une soumission offerte et désirante, en quête d'un masculin dominateur. Cet élément relationnel devait servir par la suite de support analytique à des fantasmes d'identification au père, lui-même soumis à la toute-puissance d'une « Grande Mère » castratrice de génération en génération.

Ce jeu transférentiel avait donc permis de repérer des matériaux d'analyse dont l'émergence avait été soutenue par une énergie psychique assez forte (archétypique) pour relier les parties distendues d'un moi envahi par l'inconscient et lui redonner une cohésion suffisante pour faire face aux forces obscures, véritable pierre angulaire sur laquelle commença à s'organiser sa vie d'homme.

Les représentants du jeu royal

À la suite de ce que je viens d'exposer à propos de ce cas, je me suis demandé pourquoi, comme le faisait remarquer

Jung (cf. plus haut), le couple royal des alchimistes était composé du frère et de la sœur et, seulement accessoirement, de la mère et du fils. Or, rapporté au transfert, cela semble contredire une grande partie de l'expérience d'une analyste femme. Bien sûr le couple frère-sœur apparaît aussi dans nos analyses, mais plutôt lorsque l'analyste et son patient appartiennent à la même classe d'âge (et là encore pas toujours), ou pour signifier une maturation du processus analytique, à moins qu'il ne serve au contraire de protection contre d'autres relations incestueuses ! Mais généralement, c'est bien le couple mère-fils qui occupe la première place. Je n'ai pas l'intention d'approfondir le rôle joué par cette relation dans le processus d'individuation (Jung l'a abordé, entre autres, dans *Les Racines de la conscience*), mais ma question renvoie plutôt aux représentations suscitées par une analyste femme. Or Jung s'interroge sur ce problème (p. 172) en notant que bien peu de travaux alchimiques ont été sinon exécutés, du moins relatés par des femmes, en sorte qu'on ne connaît à peu près rien de la symbolique féminine de l'œuvre. De plus, le lecteur s'aperçoit que toute l'analyse du transfert étudiée par Jung est faite à partir d'un analyste homme et la pratique de la clinique nous enseigne que c'est bien le hiérosgamos frère-sœur qui s'y joue dans la plupart des cas.

Le jeu royal se pratiquerait donc entre divers personnages et peut-être allons-nous en découvrir d'autres par la suite.

En effet, plus l'analyse plonge dans les couches anciennes de l'histoire du sujet, le prégénital, voire sa préhistoire telle que nous la révèle, dans l'analyse, la place occupée par les générations précédentes, plus archaïques sont les projections supportées par l'analyste, l'imago maternelle étant alors dépassée pour faire place aux premières syzygies. Celles-ci, indifférenciées quant au sexe apparent, tantôt mâle, tantôt femelle, vont servir de matière première aux processus de différenciation d'un individu. Les chemins des identifications/projections qui en sont issus ont été particulièrement bien jalonnés par M. Klein (cf. parents combinés-stade schizoparanoïde, etc.). La position du sujet n'est rendue possible qu'à partir du moment où la syzygie s'est scindée en ses deux éléments, masculin et féminin, constituant, à travers les parties projetées, un couple différencié. Dans l'exemple que j'ai cité plus haut, le moment clé de l'analyse s'est passé dans un espace-temps, fruit de cette différenciation hors de la symbiose primordiale. Si la position « royale » de la relation transférentielle a pu être considérée comme symbolique et non imaginaire, c'est parce qu'elle manifestait, de façon sensible, l'existence d'un couple, lien entre le passé révolu, devenu hors d'atteinte, et un futur plein de possible.

La place des protagonistes féminins

À présent et toujours à partir d'une analyste femme, examinons les relations analytiques qui s'établissent entre deux femmes.

Le schéma classiquement proposé par Jung met en scène le croisement des sexes tant sur le plan des personnes que sur celui de leurs représentants psychiques. Qu'en est-il lorsque deux femmes sont en présence et qu'advient-il alors de la proposition centrale du transfert relative à la rencontre du roi et de la reine ? Assisterait-on alors, et uniquement, à l'analyse d'un couple homosexuel ? Sans doute pas, bien que cette part apparaisse toujours soit sous forme de fantasmes ou d'images oniriques, soit actualisée dans un des temps du parcours analytique, où elle ponctue alors la reconnaissance de la phase homosexuelle naturellement inscrite dans l'évolution d'un sujet, ce qu'il faut bien sûr différencier des structures homosexuelles proprement dites. Pouvons-nous cependant retrouver l'archétype du couple royal et sous quelle forme ? Voyons ce qui se passe dans notre clinique.

Je commencerai par une femme qui avait dû quitter un analyste homme avec lequel s'était instauré un transfert « classique » non liquidé ou, si l'on veut, insuffisamment élaboré sur le plan conscient. Elle présentait les caractéristiques suivantes : blessée dans ses relations avec les hommes, elle avait trouvé une réassurance compensatrice dans son analyste masculin, mais la rencontre avec une femme, pourtant souhaitée consciemment, avait immédiatement réanimé son sentiment d'abandon, sous-tendu par une relation inconsciemment conflictuelle avec sa mère. D'emblée, elle manifesta un transfert négatif, figée dans une attitude « phallique », à la fois attaquante et défensive, que j'appelai, spontanément, posture du serpent dressé. Cette terrible force archaïque régnait en sombre souveraine sur nos séances, exigeant non l'amour mais la soumission de tout ce qui aurait pu s'opposer à sa domination, à commencer bien entendu par l'animus, supposé roi, de l'analyste. Naturellement une bataille d'animus aurait été vaine, incertaine quant à l'issue, mais surtout aurait stérilisé le processus qui s'instaurait sous cette forme. Rappelons-nous Isis plaçant le serpent sous les pas de Râ, afin de l'obliger à livrer la puissance cachée sous son nom, et la suite du mythe où Râ prophétise que ce don, pourtant bien involontaire, pourra être transmis au fils d'Isis. Ainsi, le fils de l'œuvre alchimique, né de la substance transformée que furent le roi et la reine, a bien des façons de venir au monde. La suite de l'histoire le prouva puisque la transformation espérée put se réaliser.

Si nous considérons le couple transférentiel qui servit de pivot à cette analyse, nous voyons que rien ici ne fait appel aux sentiments passionnés qui se tissent dans le schéma classique. Nous sommes en deçà des sentiments amoureux, dans leur contraire même, le sentiment de puissance, et pourtant l'énergie mise en œuvre ici est bien transférentielle, dans le sens où Jung l'utilise, seulement la problématique de la mise en place de l'animus ne se fait pas du tout comme celle de l'anima. Jung y consacre quelques pages de son livre et j'en extrais le passage suivant (p. 172-173) (il s'agit d'un commentaire sur les représentations de l'arbre philosophique, d'après le Codex Ashburn).

L'animus face à l'anima

« Chez Adam, qui est percé par la flèche, l'arbre croît à partir de l'organe génital ; chez Ève, par contre, il sort de la tête. La main droite de la femme couvre la région génitale et sa main gauche désigne une tête de mort. C'est une allusion claire au fait que l'œuvre est liée chez l'homme à l'aspect érotique de l'anima, tandis qu'il est lié chez la femme à l'animus comme "fonction de la tête". La matière première (*materia prima*) qui est l'inconscient est représentée chez l'homme par l'anima (sous sa forme inconsciente), chez la femme, par contre, par l'animus (également sous sa forme "inconsciente"). De la matière première croît l'arbre des philosophes qui est le progrès de l'œuvre. Même prises dans le sens symbolique, ces images sont en accord avec les découvertes de la psychologie. Adam représentant alors l'animus de la femme, qui fait sortir de son membre les pensées "philosophiques" et Ève représentant l'anima de l'homme qui, en tant que sagesse, fait sortir de sa tête les contenus intellectuels de l'œuvre. »

Cela illustre bien avec quoi cette patiente dut se confronter pour retirer de la materia prima l'énergie nécessaire à l'élaboration de son animus. Énergie redoutable comme tout ce qui touche au « phallus » — en témoigne l'image du « serpent dressé » qui accompagnait l'émergence de ce contenu encore archaïque, dont il me fallait suivre l'évolution, étant consciente de sa valeur, tout en restant vigilante aux réactions de mon propre animus.

Ce processus de structuration, par quoi la patiente tentait de conquérir son autonomie, soutenait en contrepoint l'analyse de sa propre histoire. La tension des opposés s'y jouait cette fois autour d'une figure d'homme, père/mari/amant, vers qui convergeaient des désirs dont elle apprenait à reconnaître les desseins secrets à travers ses « imagos » maternelles projetées sur moi.

Ainsi l'énergie qui orientait notre analyse émanait de la rencontre entre les formes multiples de l'animus, cette autre part de la femme ici si manifestement opposée à elle, puisque signifiant une masculinité, et les divers mouvements du conscient qui, tour à tour, se révoltent contre cet étranger, refusant de le voir à l'œuvre dans leurs rencontres avec l'autre, ou s'y attachant amoureusement dans un leurre diaboliquement dressé, séparateur et non symbolique. Et pour mieux comprendre pourquoi je parle, ici aussi, de transfert « royal », revenons à la question posée plus haut, celle de l'apparition du couple royal classique dans l'analyse des phases homosexuelles.

Le couple au féminin

Si, comme nous l'avons vu jusqu'à présent, cet archétype ne peut s'établir que dans la rencontre des opposés, il nous faut voir comment il s'y place et si, là aussi, il porte la fonction symbolisante ou s'il ne sert pas seulement les narcissismes réciproques. Ce couple d'opposés peut se réaliser entre l'analyste « mère archétypique », plutôt de type chthonien (Déméter par exemple dans un transfert positif), et l'animus de la patiente en position de fils-amant. Mais à l'inverse, on rencontre aussi l'animus de l'analyste en position de roi et la patiente en celle de reine. Les sentiments y sont alors généralement plus passionnés que dans la forme précédente, peut-être parce que celle-ci se rapproche plus du hiérosgamos fraternel ; peut-être aussi s'adresse-t-elle davantage aux femmes de type sentiment. Les désirs amoureux incapables de trouver une issue positive dans la vie consciente, par suite de blessures narcissiques précoces, cherchent alors à s'exprimer avec les moyens du bord, pourrais-je dire, ici faute d'un homme, l'animus de la femme.

S'y projette ce qui aurait pu être une relation hétérosexuelle et qui va alimenter l'émergence des contenus refoulés et non élaborés concernant l'image du père. Ce qui s'y leurre, c'est, pendant un temps, l'objet d'amour plus difficile à désintriquer que dans un rapport hétérosexuel puisque s'y mêlent l'amour envers la mère et celui envers le père.

Certes on peut analyser de telles situations dans une optique freudienne où l'envie du pénis joue un rôle important et que nous reconnaissons volontiers, mais dans l'hypothèse de travail proposée par Jung et que nous essayons à notre tour de confronter à notre expérience clinique, nous abordons ce transfert comme une structure dont les éléments, doués du dynamisme inhérent à la forme particulière qu'ils représentent, porteraient en eux les facteurs d'évolution pour peu qu'on puisse les situer et leur offrir un terrain favorable. Développons cette réflexion et voyons sur quoi elle débouche.

LA FONCTION DU JEU ROYAL DANS L'ANALYSE

Nous avons déjà dit qu'à travers cette métaphore du mariage royal Jung nous avait présenté sous forme symbolique le jeu des énergies qui œuvrent dans les processus de maturation d'un sujet, que ce soit dans la démarche individuelle ou dans la relation analytique. Rappelons que cette énergie psychique (libido au sens jungien — dont les pulsions sont les formes) a besoin d'un environnement adéquat susceptible de servir de support aux processus de projections et d'identifications sans lesquels l'homme ne peut se constituer.

Les failles qui se produisent à l'un ou l'autre des moments clés de l'histoire d'un individu, moments où la forme archétypale devrait « prendre corps » (cf. les phénomènes d'imprinting des éthologistes, la notion d'organisateur de Spitz, les théories de la maturation chez l'enfant, etc.), vont accompagner l'évolution ultérieure qui en sera plus ou moins perturbée, selon le moment où la faille s'est constituée, l'étendue de son impact, sans compter bien entendu la constitution du terrain psycho-organique sur lequel elle intervient.

L'archétype en cause demeurera potentiel mais non actualisé dans sa forme. Le transfert, pour sa part, va être l'occasion de réactiver l'énergie restée bloquée et nous avons déjà dit que plus archaïque est le blocage, plus intense est sa manifestation. C'est pourquoi la forme prise par la rencontre transférentielle est symboliquement contemporaine de cet espace-temps de l'organisation psychique où elle aurait dû se vivre, et que seules bien souvent des figures mythiques contemporaines d'autres temps et d'autres vies peuvent représenter. Parmi celles-ci Jung a choisi d'étudier plus particulièrement celle des « noces royales » en sachant bien que toutes les figures amenées dans le champ analytique et tous les mouvements qui s'y déploient ne relèvent pas du jeu royal, même si d'une façon ou d'une autre, ils contribuent à son élaboration et à son déroulement. Mais, et chaque analyste en fait l'expérience, ce quelque chose de particulier qui apparaît à un moment donné dans l'analyse, révélé par une intensité libidinale plus forte dont, entre parenthèses, la perception dans le temps peut être décalée pour l'analyste et le patient, signe pour lui « le » transfert.

Les autres partenaires

C'est alors que l'attention de l'analyste se fait plus aiguë, tendue tout autant vers l'émergence des produits de l'inconscient de l'autre que vers ce qui peut s'en révéler pour lui, épreuve majeure où se contrastent les clartés et les ombres mutuelles. Certes l'analyste ne supporte pas toujours seul les projections du partenaire « royal », l'entourage du patient peut en recevoir une bonne part, parfois la plus grande, mais lorsque cela constitue un évitement de transfert, tel qu'il se produit parfois, le jeu royal paraît se dérouler de façon plus chaotique et s'épuiser en vains efforts pour sortir de la tendance à la répétition. Notons au contraire qu'entre deux partenaires féminins, l'apport dans l'analyse d'une telle organisation des projections sur un partenaire extérieur (masculin) fournirait plutôt un accroissement énergétique. Peut-être cela tient-il au fait que, comme le notait Jung (cf. plus haut), l'œuvre chez l'homme se réalise grâce à l'aspect érotique de l'anima, ce qu'il ne peut donc éviter, alors que chez la femme, elle est liée à l'animus « fonction de la tête » et trouvera à s'accomplir en s'appliquant « à connaître et à distinguer » (p. 174).

De quoi est donc composée cette structure particulière figurée par les noces royales ?

LES CARACTÉRISTIQUES DE LA STRUCTURE

Comme toute structure, celle-ci se définit par les éléments qui la composent et par le mode de relation de ces éléments entre eux. Nous envisagerons successivement : 1. l'origine des éléments propres à cette organisation (la materia prima). 2. le mode de fonctionnement de ces éléments et la particularité de leurs assemblages (la double rencontre). 3. l'énergétisme de la structure elle-même (la libido de parenté ou libido endogame).

La « materia prima »

Elle constitue la matrice des projections inconscientes, mais pas n'importe lesquelles puisque ce qui est sollicité ici concerne « la materia prima » de l'œuvre, l'inconscient au sens où Jung le définit à cet endroit de son exposé (p. 160), un inconscient qui ne serait pas constitué par des contenus acquis individuellement, mais qui serait un « non-moi » dans lequel se dérouleraient des processus spontanés, uniquement accessibles au conscient par leurs projections : « C'est là en même temps l'étranger originel et le connu originel, d'où émane une fascination considérable. »

Jung en insistant sur le caractère spontané de ces processus fait ressortir le dynamisme de cet état originel, constitué par des énergies déjà orientées sans doute, car autrement il n'y aurait pas de tendance vers un accomplissement, mais évoluant dans un espace où le dedans et le dehors ne sont pas encore différenciés, donc en deçà des représentations accessibles au moi qui, elles, ne peuvent s'organiser que dans le cadre d'un espace-temps historique.

En effet, la défusion dedans-dehors et l'avènement des repères spatio-temporels ne pourront se réaliser que dans la relation à un autre dont la première fonction sera d'accepter qu'il y ait une relation interpersonnelle, c'est-à-dire des échanges, même non réciproques, mais dont la condition nécessaire réside en la prise en communication des deux pôles primordiaux récepteur-donneur. C'est cette disponibilité qui permet l'actualisation des processus spontanés originels. Ceux-ci dans un premier temps vont se projeter sur l'autre du couple ainsi constitué, et ce n'est qu'ultérieurement, par le jeu des représentations et la qualité de la relation, que pourront se réaliser la reconnaissance du caractère projectif des contenus, leur désintrication (cf. le clivage du couple syzygique) et leur appartenance subjective ; celle-ci enfin amènera à la phase d'appropriation des contenus par le moi d'un sujet devenu suffisamment fort pour accepter et reprendre en compte « l'étranger et le connu originels ».

En résumé, ces processus nécessitent pour s'accomplir une double structure d'accueil, extérieure capable de recevoir les projections, et personnelle pour en élaborer les contenus, autrement dit, un moi suffisamment fort. Notons au passage, et la vie courante nous en ferait souvenir si besoin était, combien la pression de tels processus pèse de tout son poids pour se manifester dès qu'une occasion favorable se présente, i.e. un support de projection.

De ce lieu où s'originent l'un et l'autre, le connu et l'étranger, vont donc sortir ces formes d'animus et d'anima, supports du jeu royal. Versants de l'étranger dans les premiers temps de leur parcours, ces figures seront peu à peu reconnues comme faisant partie de soi, au même titre que notre part consciente.

L'approche de l'autre

Apprendre à connaître cet autre qui se cache derrière les autres constitue une aventure que les alchimistes du Rosarium pour leur part nous convient à entreprendre, lorsqu'ils nous présentent, par exemple, un soleil comme attribut de la femme et une lune comme attribut de l'homme. Ce caché est donc situé à l'opposé de ce avec quoi nous avons habituellement affaire. Il est justement l'étranger de notre histoire et comme tel banni de notre vie, tout au moins consciente. C'est aussi pourquoi les partenaires de notre vécu, hommes et femmes, accrochent au passage tant de projections. Mais nous ne pouvons rester longtemps sans reprendre en compte ces contenus psychiques, car si nous essayons de nous dérober à cette exigence, nous éprouverons, tôt ou tard, la souffrance qui marque l'absence et le manque à être.

Freud, poursuivant sa propre visée, nous dit que l'analyse pour la femme se clôt sur la reconnaissance de l'envie du pénis et le deuil de n'en point posséder, tandis que pour l'homme, ce serait la castration qui fonde l'analyse, l'acceptation de sa valeur symbolique permettant seule de dépasser l'angoisse de s'y confronter. Ainsi, d'une part, ne pas être semblable à l'homme, tout en ayant l'intuition de ce qui le fait tel, et d'autre part, oser se reconnaître dans la femme sans cesser d'être un homme, seraient pour l'un et l'autre sexe le moyen de s'appréhender dans sa différence et de toucher le lieu où le signe s'inverse. Mais il revient à Jung d'avoir prolongé la portée de cette découverte : en effet, il ne se contente pas de repérer les moments d'apparition de ces autres parts de soi, mais fait de leur structure même des organisateurs du processus d'hominisation.

L'attraction mutuelle

Ainsi le couple des rencontres sexuées entre humains se double-t-il d'un autre couple, intérieur cette fois, et la tension qui s'établit entre ces pôles opposés sert de réserve énergétique au travail subjectif d'élaboration des contenus de l'inconscient. Or nous savons que les progrès de la conscience s'accomplissent grâce à un accroissement d'appropriation des données du vivant. Ce qui, dans les groupes à forte cohésion culturelle, relevait d'un patrimoine commun créatif dans lequel chacun puisait selon ses nécessités de fonction et ses besoins d'existence revient dans nos civilisations « éclatées » à la conscience individuelle chargée, à côté de prises en charge collectives trop souvent dépourvues de sens, de réaliser l'œuvre créatrice de la réalité humaine. Désormais l'homme doit faire jaillir de la « materia prima » ses propres constituants, mais ce faisant il se découvre dans sa diversité complémentaire et opposée et doit apprendre peu à peu à connaître les énergies qui s'y meuvent. Ainsi le mouvement qui maintient ouvert l'écart entre les opposés, assurant par là même la reconnaissance de leur existence, se double de l'invincible attraction qui obéit au besoin fondamental du retour à l'unité.

Nous connaissons la suite du processus : la nécessité de perdre la promesse narcissique à peine entrevue, jamais satisfaite mais toujours renouvelée, pour pouvoir recevoir l'enfant du devenir, fruit de l'union réalisée, né de la mort des illusions du pur imaginaire et du sacrifice de la passion incestueuse. S'y maintenir, n'est-ce pas en effet perpétuer le destin d'Œdipe et condamner l'enfant au même tragique aveuglement ?

Le langage des opposés

Jusqu'à présent, nous avons parlé de l'animus et de l'anima comme d'êtres sexués, utilisant davantage le langage du conscient que de l'inconscient et il nous faut revenir à la formulation de Jung concernant la materia prima du Jeu royal (p. 172-173) et à son insistance à nous montrer les formes « inconscientes » de l'animus et de l'anima qui la représentent. C'est pourquoi ce qui nous en parvient est souvent plus complexe et ambigu que les figures masculines et féminines différenciées sexuellement qui, quand elles apparaissent, témoignent déjà d'un certain niveau d'objectivation. Lorsque nous disons : « C'est une répartie d'animus », ou bien « Voilà encore son anima qui s'exprime », nous entendons par là que des attitudes, des affects, des humeurs, occupent une certaine position, facilement repérable pour le spectateur mais bien moins pour son auteur ! Si nous voulons dire que c'est un masculin qui s'exprime chez cette femme et un féminin chez cet homme, nous savons fort bien que ce n'est pas un homme qui parle dans la femme, ni une femme dans l'homme.

Et si l'on peut faire l'hypothèse que ces processus inconscients représentent le complément sans lequel un homme et une femme ne sauraient atteindre à leur vraie maturation, il nous faut sans doute comprendre qu'il ne s'agit pas seulement d'un doublement introjecté de l'autre sexe, mais plutôt d'un mouvement libidinal œuvrant sur un mode opposé à celui du sexe physique. La mise en relation de ces mouvements opposés forment « des couples » d'une valeur de réalisation potentielle bien supérieure à celle de chaque partie isolée, le modèle-type du couple étant le couple amoureux avec toutes ses variantes. Quant aux contenus qui les manifestent, ils se composent d'éléments empruntés aux diverses couches de la psyché, y compris celles qui relèvent de l'histoire personnelle.

C'est ainsi que nous y retrouvons des figurations issues des mythes collectifs, ou reliées aux grands mouvements de l'histoire de l'humanité, mais aussi des traits d'identifications personnelles et d'idéaux précoces, constitués à partir des premiers modèles féminins ou masculins, encore indifférenciés, ce qui expliquerait l'ambiguïté de certaines représentations. C'est donc sous les formes simples de notre vie, paysages, animaux, humains, mais aussi à travers les projections, des plus fantastiques aux plus élaborées comme celles des dieux et des déesses, que nous pouvons appréhender l'histoire de ces processus.

La double rencontre

Cependant cette histoire pour devenir histoire à la première personne ne peut se faire, nous l'avons déjà dit, qu'entre deux partenaires dont l'un au moins servira de support à la projection de l'autre, projection dont l'intensité varie bien sûr selon la propre histoire des protagonistes. Ainsi la materia prima dont sortiront l'animus et l'anima ne sera activée que par la présence d'un autre capable de soutenir l'érotisme des opposés et, de façon encore plus fondamentale, d'assurer la fonction spéculaire qui permettra la constitution des identifications nécessaires. De plus la rencontre s'établira aussi très souvent, comme le fait bien remarquer Jung, au niveau d'une identité inconsciente entre les deux partenaires et le cheminement de cette matière commune au cours de l'analyse réservera bien des surprises.

C'est donc à travers une double histoire personnelle et duelle que vont s'opérer les prises de conscience des contenus de la projection, base des processus de transformation de la personnalité. Nous pouvons repérer de tels moments dans l'analyse lorsque, à propos d'une image, il nous est dit : « Cette figure-là, je ne sais pas ce qu'elle représente, pourtant je sais qu'il s'agit de moi. »

Le quaternion dessiné par Jung et dont j'ai reproduit plus haut le schéma est un modèle idéal, dont la parfaite réalisation requerrait chez les partenaires un même niveau d'accomplissement et une quête commune. Si nous aspirons à cette perfection, ce que nous en actualisons est beaucoup plus modeste et certains éléments de nos propres quaternions peuvent demeurer longtemps à l'état embryonnaire, du moins pendant le temps de nos analyses. C'est-à-dire que les personnages du jeu royal ne sont pas aussi magnifiques qu'on aimerait qu'ils soient, même si nous leur laissons emprunter les vêtements d'apparat. Voyons d'un peu plus près comment notre pratique en rend compte.

Préliminaires

La première rencontre s'établit dès le franchissement du seuil de nos cabinets et nous savons déjà si oui ou non l'accord pourra se faire car s'y jouent aussi des résistances de part et d'autre, dont certaines doivent être sérieusement prises en considération, constituant parfois une contre-indication à cette analyse-là, soit de notre fait, soit parce que nous sentons que le temps de l'entreprendre n'est pas venu. Mais dès que l'acceptation est posée, le processus transférentiel commence entre ces deux personnes ainsi mises en présence, leur visée commune définissant l'espace analytique où un possible pourra naître. Là, en effet, quelque chose d'autre que la parole consciente cherche bientôt à prendre place, mais la demande d'amour qui en constitue l'objet reste pour beaucoup tout entière fixée sur les expériences du passé, fantasmatiques ou réelles. Ce qui s'en exprime s'adresse apparemment à qui n'a pas su la satisfaire dans le passé comme dans le présent, en une longue plainte où l'analyste finit bien par entendre qu'elle le concerne. Sur un autre versant la séduction tente aussi sa chance, de façon provocante, à moins qu'elle ne se nie sous des formules qui la révèlent tout autant, telles que : « Surtout je ne veux pas vous séduire », ou « Pourvu que je ne vous séduise pas ».

Jusque-là le jeu est assez clair ; les « quatre » partenaires se tâtent, essayant d'évaluer leurs forces respectives, ce qui donne parfois lieu à des assauts serrés, toutefois la rencontre se satisfait généralement d'exister dans la nouveauté des découvertes et le plaisir mutuel de donner et de recevoir. Sommes-nous déjà dans les noces royales ? Certainement pas, bien que dans cette « œuvre » entreprise en commun, les énergies qui travaillent dans l'inconscient en manifestent quelque chose dans l'attraction réciproque, tantôt uniquement consciemment reconnue, tantôt aussi — ou seulement — inconsciente bien que non encore réalisée. Puis le processus s'accélère, ce qui commençait à prendre forme dans l'espace silencieux devient plus pressant, plus exigeant et désireux d'aboutir. La révélation du but poursuivi par les représentants du jeu royal, jusque-là contenue, éclate enfin au grand jour, parfois, comme nous l'avons vu, à bas bruit et de façon fugitive, parfois aussi exprimée dans toute sa force numineuse. Si elle rencontre un plein accueil auprès de l'analyste, alors celui-ci entrera dans le « jeu d'amour » sans restrictions, soit qu'il partage le plaisir sensible (et il n'est pas toujours aisé d'en contrôler l'aboutissement, même si la suite du parcours l'exige), soit qu'il soit capable de laisser vivre à son partenaire « intérieur » (animus ou anima) l'amour sollicité, ce qui suppose la capacité de situer la position exacte des protagonistes du jeu.

Les revécus archaïques

Il faut bien dire que ce que nous rencontrons le plus couramment, chez l'analyste comme chez l'analysant, ce sont les tâtonnements, les difficiles ajustements pour maintenir la juste distance et les révoltes contre cette demande pressante qui sollicite l'être intime. De plus, ces mouvements inconscients font revivre au patient et à l'analyste les premières étapes de la vie et l'angoisse qui les accompagne.

Nous pensons que ces régressions sont proportionnelles à la pression des opposés (animus, anima) dont l'émergence bouleverse les organisations préalables du moi. Or plus celles-ci sont instables, plus nous voyons réapparaître les contenus infantiles avec leurs modes caractéristiques d'expressions, obligeant l'analyste à tenir la place d'un moi cohérent, ou même celle du « soi primaire » (cf. Neumann). Heureusement, la plupart du temps ces phases régressives, prenant appui sur la dynamique du jeu royal, vont céder progressivement, ramenant du voyage en arrière de nouvelles possibilités d'intégration et une force accrue. Cependant, si l'on a affaire à un « noyau psychotique », alors s'estompe de plus en plus pour le patient la possibilité de tenir sa place dans le Jeu royal. La charge énergétique va se reporter en entier sur l'analyste qui devient le lieu de la totalité des projections ambivalentes d'un conscient et d'un inconscient, placés dans une si complète opposition que leur distance se tend jusqu'à l'éclatement ; elle peut aussi se porter dans un imaginaire projeté (délire) qui, selon les circonstances et les possibilités d'accompagnement qui lui sont faites, constituera ou non la « tête de pont » d'un possible, mais ultérieur, Jeu royal à deux. Ici, et Jung nous le rappelle si nous ne le savions nous aussi d'expérience, tout ne peut être guéri, du moins par nous...

Le retrait des projections

Le devenir du jeu royal dépend pour chacun de sa capacité de se déprendre des projections. À l'analyste revient la tâche de la vigilance constante sur son déroulement, l'expérience montrant combien est forte la tendance à éterniser les noces royales et la répugnance à accepter les étapes qui lui font suite. Et pourtant, demeurer à l'acmé du transfert est aussi une souffrance, puisque l'organisateur du processus une fois mis en place ne peut que suivre sa pente. Je pense à une femme qui, en analyse avec moi, ne parlait que de son transfert amoureux avec son précédent analyste masculin, affolée dans le même temps à l'idée d'être « condamnée à rester à jamais amoureuse de lui ». Or ses rêves amenaient cet analyste chez elle, ou à certains moments le mari se substituait à lui, dans le but évident de lui faire comprendre où la conduisait son élan transférentiel. Un jour elle réalisa que ce transfert ne fixait pas son destin amoureux, mais contenait une proposition capable de se reporter ailleurs, et que sa vie n'était pas enfermement dans un autre, mais ouverture au désir, pour peu qu'elle accepte d'abandonner consciemment ce à quoi son inconscient l'invitait depuis un certain temps.

Je pense, pour ma part, que chaque moment du jeu royal a son propre sens et que la mort du couple royal ne survient que lorsque le temps est mûr pour le vivre, entendant par là encore une fois le temps du processus, et non les désirs possessifs et conservateurs du moi qui s'attachent narcissiquement aux satisfactions conquises. Encore faut-il que le pourquoi du sacrifice puisse apparaître pour que le moi consente à le faire.

Ici, je citerai l'histoire de cette femme, récemment divorcée, et qui, le premier choc dépressif passé, réclamait de l'analyse, pour ne pas dire de l'analyste, l'homme qui la comblerait. Toute volonté tendue vers cette exigence, la malheureuse se heurtait aux murs d'une souffrance que seule la confiance qu'elle me portait malgré tout lui permettait de supporter. Je souffrais avec elle de cet aveuglement qui semblait sans faille. Mais il nous fallut passer par là pour que se révélât à elle l'aspect positif de son propre animus, inconsciemment phallique, et qu'elle s'efforçait désespérément de projeter sur des hommes qui n'en avaient que faire.

Je viens encore une fois d'évoquer deux cas de femmes dont vous sentez bien que leur transfert était vivace pour moi, même à travers des affects négatifs fort heureusement manifestés entre nous ! Ceci nous amène à la question suivante : de quoi est donc faite cette énergie particulière au transfert, capable d'assurer sans défaillance la durée d'une analyse, y compris dans ses phases négatives qui en transforment la forme sans en altérer pour autant l'essence, et qui peut, l'œuvre accomplie, se reporter ailleurs ?

La libido de parenté ou libido endogame

Si toute la force du transfert réside dans la tension érotique entre les opposés, par voie de conséquence, l'analyse entre des partenaires du même sexe ne peut que déboucher sur la prise de conscience des tendances homosexuelles. J'ai déjà montré que l'analyste homme et l'analyste femme ne se placent ni aux mêmes lieux de projection, ni dans le même dynamisme énergétique et que de plus, et j'exprime là mon expérience d'analyste femme, l'analyse des composantes homosexuelles étant faite, la libido peut poursuivre son parcours et animer des objets hétérosexuels, même avec un analyste de même sexe que l'analysant. Jung fait à ce propos une hypothèse intéressante, qui vaut la peine d'être examinée : sa proposition consiste à doter la tendance à la conjonction qui anime les opposés d'une énergie libidinale issue des premiers liens qui se tissent à l'aurore d'une vie humaine. En fait, Jung la fait partir des premiers mouvements qui présidèrent à l'organisation des sociétés, et nous y retrouvons les deux pôles endogamique et exogamique qui, traditionnellement, maintiennent dans la nature et ouvrent à la culture.

Ce qui nous paraît fécond dans cette perspective, c'est :

1) D'avoir donné la primauté aux relations de parenté, dont, bien sûr, celle qui est issue de la mère est la plus primordiale, même si par la suite elle ne se révèle pas la seule ni la plus nécessaire.

2) D'avoir reconnu le caractère universel de cette force qui tend à lier, maintenir, préserver, dans une sécurisante harmonie, ceux qui en participent.

3) D'avoir placé l'inceste comme visée de cette libido, sans pour autant qu'il s'accomplisse jamais ; c'est pourquoi les substituts des images incestueuses sont accessibles, dans certaines conditions (rites initiatiques, déplacements vers des représentations héroïques ou divines), à la réalisation de l'inceste et chargés d'en transmettre la valeur énergétique qui lui est propre.

LE SUPPORT DE LA TRANSFORMATION

Nous voyons ici comment l'analyse, dans ce qui en elle fonctionne comme un rite d'initiation destiné à faire accéder la psyché de l'Adepte à un autre niveau de réalisation, relève de cette organisation. En fait, l'angoisse du passage, de la transformation des contenus, serait intolérable si une compensation n'était pas accordée aux parties intéressées. Pour une part, celle-ci renvoie aux émois qui ont organisé les premiers moments de la vie, mais dans la mesure où nous pouvons y voir un archétype, celui des noces royales, nous savons qu'en tant qu'organisateur, il doit accompagner les moments les plus importants de la vie humaine, dont les premières relations de parenté ne constituent qu'un temps privilégié du parcours.

L'aspect érotique qui accompagne la relation ne se manifeste pas partout et chez tous avec la même intensité car il dépend des liens de parenté représentés et du niveau de l'organisation archétypique d'où il émerge. La pente de cette énergie est si forte que chaque fois qu'une occasion se présente, elle tend à investir un partenaire possible. Or, en tant que processus encore inconscients, l'animus et l'anima sont fortement concernés par cette forme de libido. Ce n'est qu'en pénétrant dans le champ de conscience qu'une telle libido peut être abandonnée, les valeurs qui lui sont propres pouvant alors être transférées sans péril sur des objets extérieurs.

Cette hypothèse expliquerait pourquoi le transfert véhicule des émois érotiques de coloration incestueuse — et l'inceste envers la mère est antérieur à celui envers le père, a toujours pensé Jung —, mais aussi pourquoi il peut évoluer vers d'autres formes et ouvrir au monde extérieur, remplaçant le partenaire incestueux. Cela accompli, le quaternion de l'œuvre peut acquérir plus d'aisance dans ses différentes directions, même si toutes n'ont pas atteint leur plénitude.

Maintenant nous pourrions reprendre le schéma proposé par Jung. Ce qui a été dit au long de ces pages illustrait les différents niveaux d'organisation de la relation transférentielle à travers le jeu des projections. Par contre ma dernière remarque concerne la façon dont le processus analytique se continue en majeure partie avec le partenaire intérieur, l'analyste opérant davantage comme régulateur du processus que comme support de projection de la « materia prima », le jeu royal ayant ainsi réalisé, à travers les échanges interpersonnels, les fondements de l'œuvre personnelle.

Narcisse au bain

Lorsque Jung, dans son étude sur le transfert[1], nous déclare dans le même temps que le noyau du transfert est constitué par un instinct relationnel et que « chacun est un étranger parmi des étrangers », cette contradiction n'illustre-t-elle pas de façon exemplaire le drame de notre époque : comment être un individu sans pour autant se couper des autres ? Et ne fait-il pas, encore, étrangement écho à nos préoccupations quand il observe les efforts désespérés que fait l'homme moderne pour satisfaire cette libido de parenté dont il est de plus en plus éloigné et que ne sauraient remplacer ces substituts collectifs que nos sociétés modernes secrètent pourtant si généreusement ?

Pour revenir plus précisément au transfert, Jung, à partir de la proposition fondamentale que seul le lien humain peut accomplir la visée de la libido de parenté, va donc nous présenter le transfert comme un phénomène dont le moteur serait sa visée même. Mais où situer alors ces « étrangers que nous sommes les uns pour les autres » ? Dans la perte de ce désir ? Dans le besoin de s'en séparer pour se structurer dans la nécessaire différence, au risque d'une coupure radicale avec l'autre ? Proposition encore une fois paradoxale, puisque aucun des deux termes ne peut être éliminé. Paradoxe dont Jung, pour sa part, énoncera les termes de la façon suivante : « La relation avec le soi est en même temps la relation avec le prochain et nul ne peut avoir de lien avec son prochain s'il ne l'a d'abord avec lui-même[5]. »

Ainsi posée, cette théorie du transfert constitue pour nous la méthode même de l'analyse que nous pratiquons. Et tout ce qui se déploie dans son cadre, et que nous appelons le travail de l'analyse : interventions, interprétations, choix des techniques appropriées, est l'expression du phénomène lui-même, tel qu'il se crée entre les deux partenaires de l'analyse.

LES CONSTITUANTS DU TRANSFERT

Quant à l'autre constituant du transfert, le soi, nous avons appris, à nos dépens, qu'il échappe à tous nos efforts pour l'enfermer dans une définition exhaustive ; car si nous pouvons nous satisfaire d'un concept d'unité ou de totalité, son vécu est un autre problème. Pourtant l'expérience nous dit qu'il est effectivement dans le transfert et à un point tel que ce que nous appréhendons a constitué une approche spécifique que nous pourrions nommer une clinique du soi, clinique dans laquelle l'éprouvé du transfert est épreuve du soi. Épreuve : car si notre présence se vit, pour l'autre, espoir d'une réorientation des énergies dispersées, ce n'est que dans la mesure où nous acceptons de suivre cet autre dans son errance, à la recherche de ses ruptures de signification, ruptures dont nous percevons en écho les traces douloureuses en nous-mêmes.

Voici donc placés les deux concepts clés du transfert : libido d'origine et soi, à partir desquels je vais montrer comment s'engage et se noue un transfert dans ces analyses où nous touchons au déficit de la relation archaïque, tel qu'il se révèle au cours de sévères régressions, d'entrée de jeu dès le début de l'analyse, ou encore seulement au décours de plusieurs « tranches » d'analyse, pour utiliser l'expression en usage.

C'est dire que nous continuerons à suivre Narcisse dans sa quête d'identité, en nous souvenant que si nous continuons à utiliser le terme de narcissisme, c'est en le replaçant dans la perspective archétypique d'un soi telle que nous l'avons exposée.

Je vais donc parler de ces patients au contact desquels, dès la première rencontre, et même si la faille narcissique ne s'y révèle pas encore, quelque chose en nous entre en alerte, en pressentiment de ce manque à être. Résonance qui suffit parfois à assurer le parcours analytique sans que soit enclenchée la particularité de ces transferts « narcissiques » dont je vais parler. Certes pour ceux-ci aussi, la relation transférentielle qui va s'y dessiner est fonction des deux protagonistes en présence — et nous ferons peu à peu l'expérience que cette relation semble obéir à une organisation qui lui est propre et dont nous ne faisons peut-être qu'accomplir le destin, organisation qui rend compte de la façon dont les processus archétypiques sont activés dans le champ relationnel. L'axe de l'analyse — et son issue — étant fonction de notre aptitude à saisir ce mouvement et à le traduire : nos échanges, notre façon d'interpréter et jusqu'à nos mouvements les plus profonds en dessinant peu à peu les contours.

J'ajouterai que la révélation de tel ou tel transfert n'apparaît pas tant à travers le jeu des représentations qui le manifestent que dans la relation elle-même qui en accomplit la forme. Car si, suivant la formule de Jung, la forme est le sens, alors c'est en suivant cette forme que le sens se dégagera.

Cela revient à dire que les formes de transfert dépendent avant tout de la structure des patients qui s'adressent à nous et de notre façon d'y participer. L'expérience nous apprend aussi que chaque analyste rencontre plus fréquemment tel type de transfert plutôt qu'un autre.

LES FIGURES DU « ROSARIUM »

Pour revenir aux patients qui présentent des défaillances narcissiques, j'illustrerai la forme du transfert qu'ils sollicitent par une des figures alchimiques du Rosaire des philosophes : celle où nous voyons les corps nus du roi et de la reine prenant leur bain ensemble[6].

Mais, me direz-vous, la série de ces figures, si elle marque les temps du parcours analytique, ne constitue-t-elle pas le propre même de tout transfert ? Pourquoi isoler celle-ci ? Je répondrai tout d'abord que c'est elle qui s'est présentée à moi lorsque j'ai pensé à Narcisse et que, progressivement, en m'apercevant qu'elle devenait la toile de fond de mes réflexions, j'ai cherché à saisir à travers le message qu'elle me transmettait sa signification particulière.

Pour accompagner ma démarche, je vous proposerai, d'entrée de jeu, de vous abandonner « rêveusement » à la figure elle-même afin d'en rendre plus vif le contenu en vous-même. Je m'expliquerai ensuite sur les raisons de mon choix et la façon dont je conçois la mise en œuvre dans le transfert.

« L'IMMERSION DANS LE BAIN »

Je rappelle qu'il s'agit de la quatrième figure du Rosarium, intitulée dans la série : « L'immersion dans le bain ». Ce qui nous y est tout d'abord proposé, c'est l'unité d'un espace clos qui tient, contenus mais non enfermés, les deux corps nus du roi et de la reine, si proches dans cette vasque qui n'est plus ronde, mais hexagonale, et qu'une eau commune baigne. Les fleurs qu'ils tiennent à la main s'entrecroisent, tandis que la colombe entre eux joint sa fleur à la leur. C'est leur seul contact. Le « deux » et le « un » semblent ainsi glisser et se répondre d'un point à l'autre de la figure, sans fusion ni confusion.

Si nous considérons cette figure du point de vue archétypique, nous voyons que celle-ci se déploie à travers un double mouvement énergétique qui trace sa voie de bas en haut et de haut en bas. En commençant par le bas cette lecture à la fois symbolique et structurelle, nous dirions que l'eau traduit la nature instinctuelle de la libido d'où émerge la différenciation des deux principes créateurs masculin et féminin, eux-mêmes reliés au pôle spirituel de l'archétype, figuré par l'oiseau. Et si l'on parcourt l'image de haut en bas, en commençant par l'oiseau, on voit le mouvement tout entier organiser le sens de l'image.

Tout ici parle du soi et de la façon dont il œuvre à travers les formes qui l'expriment. C'est ce que je vais essayer de développer.

En abordant les raisons pour lesquelles cette figure du Rosarium me semble exemplaire de ce type de transfert, je m'aperçois tout d'abord qu'il me faut à la fois la maintenir comme image du but et tenter d'en saisir l'organisation sous-jacente.

En tant qu'image du but, elle rappelle la distance qui sépare le début du parcours de son accomplissement. Elle nous met en garde contre la tentation de nous prendre pour le roi ou la reine de l'aventure, tentation qu'avivent si aisément les désirs mutuels et nos attentes narcissiques. De plus, elle nous enseigne à ne pas confondre le but et le parcours. Si, en effet, l'eau vive du bain est source énergétique du devenir de l'œuvre, il faut que la forme originelle « du deux et du un » se soit déjà suffisamment structurée pour donner naissance aux formes différenciées, ici celles du roi et de la reine. Or, nous savons que les premières inscriptions de cette forme se font dès le début de la vie et s'intensifient dans la phase précoce de la relation mère-enfant. Que pouvons-nous faire lorsque nous constatons des défaillances graves dans l'organisation de cette forme originelle ? L'expérience nous a appris qu'ici comme dans le parcours historique du sujet, la réponse que nous pouvions apporter est d'ordre relationnel. Quant au niveau d'implication où elle prend racine, je trouve que la figure du roi et de la reine au bain l'illustre au mieux.

LA MISE À NU

Voici pourquoi : deux particularités de ces personnages royaux se sont en effet imposées à moi, qui éclairent les premiers vécus du transfert. Ce sont : la proximité des corps et leur nudité. Je faisais état tout à l'heure de ce quelque chose qui s'éveille en nous en face des défaillances narcissiques. Quelque chose qui met notre moi en alerte. À juste titre ! car nous découvrons bientôt — et Jung nous en avait déjà prévenu — « qu'il est des cas qui, non seulement exigent un engagement réel, mais qui l'imposent et ce, jusqu'à ce que soit atteinte la limite de nos possibilités subjectives[7] ». Nous voici donc contraints de nous dépouiller de tous nos vêtements, expression métaphorique, bien que le vécu de la chose ne le soit point ! Pourtant ce qui nous contraint à ce dépouillement, ce n'est pas ce que cet autre pose dans sa demande d'analyse, quelle qu'en soit l'expression. Il nous faudra même un certain temps pour découvrir que cette exigence émane d'un soi, et parfois un autre temps pour accepter en nous l'écho de cette exigence.

Quant à la proximité des corps qui exprime la force de cette exigence, si elle se traduit à certains moments par des résistances de part et d'autre — résistances qui ne sont pas forcément simultanées mais qui sont littéralement de contre-transfert —, elle est aussi moyen de communication, où s'éprouve ce qui n'a pu se mettre en langage. C'est alors pour l'analyste l'occasion de développer cette écoute profonde où les vécus émotionnels, tour à tour explosifs, contenus, refoulés ou meurtris, sont perçus à travers une empathie qui tracera la voie vers le sentiment et les mots qui l'expriment. Empathie que les analystes qui s'appuient sur la fonction d'une sensation introvertie ont sans doute plus de facilité à suivre sur son versant somatique (ce qui leur facilite le repérage de l'investissement et des défauts du soi-corps).

Si cette écoute est parfois trouvée d'emblée avec certains, avec d'autres, il faudra traverser des zones obscures, depuis la commune inconscience — dont il est rare qu'on puisse faire l'économie dans ces transferts — jusqu'aux défenses hystériques qui miment la communication empathique, sans pour autant qu'on puisse les confondre. Si je parle de résistances et de défenses, tant d'un côté que de l'autre du transfert, il me faut à présent préciser que ces vécus dans la relation transférentielle s'organisent, en gros, selon deux directions bien différentes, affirmées dès le départ, ou en cours de route, alors même que la forme essentielle du transfert reste inchangée.

LA RECHERCHE FUSIONNELLE

L'une des directions est orientée d'emblée par une recherche de totalité dans sa forme fusionnelle où le « bain commun » s'offre comme la promesse de sa réalisation. Ici l'exigence du soi paraît se confondre avec la force de ce désir et il faut parfois longtemps avant de pouvoir aborder l'obstacle que constitue toute menace de sortie hors du tout originel. L'analyste, pour sa part, se retrouve investi de ce pouvoir redoutable. Il lui semble qu'en répondant à cette demande d'analyse, il ait ouvert une voie d'eau tumultueuse, qui va le submerger, ce à quoi son moi tente de résister de son mieux, bien évidemment. Je me souviens du premier transfert de cette sorte qu'une femme m'a fait vivre. J'étais son objet d'amour total, mais elle ne savait comment me posséder comme elle l'aurait désiré. Un jour elle me rapporta un rêve dans lequel, elle et moi, nous étions dans « l'île des morts », seules vivantes parmi les ombres. Elle était très heureuse de ce rêve, parce que, pensait-elle, là j'étais toute à elle, regrettant cependant de ne pouvoir me garder dans ce royaume où, jusque-là, elle régnait en solitaire. Je lui répondis, avec un certain humour défensif, que si elle avait bien raison de se réjouir, ce n'était pas tant de m'avoir entraînée parmi les morts, mais, que, grâce à moi il est vrai, un être vivant ait enfin pu pénétrer en ce lieu... Sa détresse à vivre fut très longue à s'inverser en éros de vie et nous demanda à l'une et à l'autre de grands efforts. Elle acceptant par amour pour moi de se trouver des raisons personnelles de vivre, et moi apprenant malgré moi à composer avec la puissance de cette libido d'origine, derrière laquelle transparaissait et la toute-puissance des Grandes Mères et malgré tout l'exigence du soi.

Elle m'apprit beaucoup et, si je ne savais pas alors reconnaître dans ce que nous vivions le sens de notre transfert, je sentais intuitivement qu'un processus inconscient œuvrait pourtant avec nous.

LA FUITE DU BAIN

L'autre direction qui s'ouvre à partir de ces transferts nous entraîne apparemment loin du bain commun. Le refus, la crainte d'y pénétrer, parfois l'ambivalence dès le départ, s'organisent en résistances tenaces. Alors que les autres se précipitaient dans la baignoire, ceux-ci la fuient, tout en exigeant que nous ne les perdions point de vue, mesurant au centimètre près la distance où nous devons nous tenir. Objet de convoitise tout autant que d'horreur, parce que jadis refusé ou trop accordé, l'analyste est l'occasion de revécus angoissants. Le double mouvement que traduisait la parole de cet homme : « J'ai en même temps envie de me jeter dans vos bras et de vous étrangler », révèle la force de l'instinct du lien relationnel réveillé par le transfert et la fureur archaïque de la non-réalisation de son vécu.

Si ceux dont je viens de parler manifestent leurs résistances activement et, pour ainsi dire, dès le départ, il en est d'autres chez qui elles se font plus sournoises. Chose étrange, leur parcours paraît participer des deux directions que je viens de relever, bien que moins spectaculairement révélées. Le projet du transfert poursuit apparemment son cours à mi-chemin entre la fusion et la fuite, pourtant quelque chose obscurément semble lui opposer une résistance. De quelle nature est-elle donc ?

Cela évoque pour moi une jeune femme dont la faille narcissique était compensée par un imaginaire de soi grandiose, dont elle s'était, semblait-il, bien séparée. Le transfert, à travers une tonalité idéalisante, lui avait permis de restaurer quelque peu ses blessures originelles, et rien ne paraissait freiner le processus d'intégration au conscient de ses zones archaïques. Pourtant, sa vie relationnelle butait toujours sur le même obstacle, et elle se retrouvait dans une attitude de soumission qui lui faisait horreur, attitude incompréhensible tant, dans le même temps, elle se vivait la bonne mère de son entourage.

Rien dans les séances ne permettait de saisir quelque chose sur quoi accrocher ce conflit lorsque, un jour, devant le récit particulièrement éclatant de son impuissance renouvelée à se sortir de cette conduite répétitive, je me suis sentie saisie par un mouvement de colère et je l'ai, comme on dit, « secouée », tout en me disant : « Mais qu'est-ce qui me prend ? C'est absurde, et de plus complètement inefficace ! » Elle me regardait en silence... C'est alors que je remarquai son expression, très différente de celle qui lui était habituelle en séance, et je lui dis, étonnée : « Vous me défiez ! » Stupéfaite, elle le reconnut cependant. J'ajoutai : « Avec qui donc aviez-vous cette attitude, enfant ? » Elle réfléchit et tout à coup se retrouva face à son père, lorsque avec colère il lui interdisait de sortir et qu'en elle-même elle le défiait, bien que, dans la réalité, elle n'eût osé lui désobéir.

Cette séance ouvrit le chemin cherché et nous permit de saisir que, sous le projet de son soi qui continuait à œuvrer dans nos séances et dont elle reconnaissait aussi le juste cheminement, une part d'elle-même était possédée par la toute-puissance d'une de ces figures de Grande Mère qui savent si bien se camoufler en grandeur du soi. Croyant accomplir son projet personnel en se dévouant à son entourage, elle assouvissait en réalité et sa vengeance contre la figure archaïque qui, derrière la confrontation avec son père, la persécutait, et son désir de rester en sa possession. Désir contradictoire en ce qu'elle ne pouvait maintenir le lien archaïque à cette mère qu'en la protégeant contre les attaques de son soi personnel.

Si la perversité de cette manœuvre inconsciente avait mis tant de temps à venir au jour, c'était que, là aussi, il avait fallu tout d'abord trouver une autre issue à cette libido d'origine. Seule la profondeur de la relation que nous pouvions vivre ensemble avait permis ce détournement de libido et créé les conditions de sa réorientation vers l'individuation.

En avançant dans les réflexions qu'a fait naître en moi cette figure du transfert, je suis amenée à proposer à présent d'autres niveaux de lecture que ceux que j'avais faits jusqu'à maintenant.

LE MERCURE BRÛLANT

Si nous la considérons d'un point de vue énergétique, l'immersion dans le bain du roi et de la reine prend un double sens. Certes, cette immersion marque avant tout le retour à l'état originel, « la plongée dans le liquide amniotique de l'utérus gravide » (pour citer Jung) avec, en corollaire, son risque d'engloutissement, mais on peut aussi voir dans cette immersion l'œuvre d'une libido sexuelle (les pulsions érotiques) qui inonde le couple et, pour ce qui est du transfert, un vécu correspondant. Si, en termes alchimiques, on parlera du rôle joué par un mercure chthonien et brûlant, dans le vécu analytique, on sera confronté aux vécus passionnels.

L'expérience de l'analyse nous enseigne que cette libido sexuelle peut s'exprimer entre partenaires du même sexe. J'y ai déjà fait référence un peu plus haut ; toutefois, la différence des sexes organise autrement le traitement des restaurations narcissiques et ce sont des vécus transférentiels qui en signalent les divers modes dont je vais maintenant parler. Il est bien entendu que j'exprime ici mon vécu d'analyste femme, mais l'occasion qui nous est de plus en plus donnée de continuer des analyses commencées ailleurs — et réciproquement — nous fait mieux saisir ces diverses approches, ainsi que la façon dont l'énergie libidinale investit ses objets dans le transfert.

Dans la relation hétérosexuelle qui s'établit entre l'analyste et l'analysant de sexe opposé, il se produit une tension érotique qui délimite le champ de forces du quaternion alchimique créé par le roi et la reine et leurs projections sur les partenaires sexués. Or, lorsque nous avons à faire avec ces structures si mal assurées dans leur narcissisme de base, il m'est apparu que cette tension érotique jouait un rôle très particulier, à la fois de contenant narcissique et de frein de sécurité par rapport aux processus régressifs. Abritée par cet amour de transfert qui assure le sujet contre l'attraction de la source originelle, la montée de la libido d'appartenance sera comme filtrée. À ceci près que, dans certains cas, on assiste à une spectaculaire fusion de cette libido et des pulsions érotiques qui peut alors culminer en flamboiements passionnels. Sans doute, dans la majorité des cas, ceux-ci finiront par trouver une issue symbolique après qu'auront été sacrifiées les jouissances imaginaires (et naturellement réelles) ; il n'en reste pas moins que l'analyste qui est l'objet de ce transfert s'engage dans une dure épreuve.

Il arrive aussi que la satisfaction libidinale obtenue dans la relation hétérosexuelle comble la demande narcissique et que rien ne vienne, pour l'instant (ou dans cette analyse), réactiver la demande archaïque.

C'est ici qu'on assiste fréquemment à des passages à l'acte sous forme de transferts latéraux, sous couvert de vivre la pulsion sexuelle, dont la réalisation est interdite par la loi analytique. Pourtant ce qu'on avait cru éviter se révélera nécessairement, mettant à jour l'objet du conflit dont on avait pensé faire l'économie (et si je dis « on », c'est bien parce que, à cette occasion, l'analyste se doit d'interroger son contre-transfert). Objet qui n'est pas toujours de transgression, mais bien plutôt, ici, désir de garder l'analyste dans l'espace fusionnel, à l'abri des confrontations conflictuelles et de l'ébranlement narcissique.

L'ANDROGYNE ORIGINEL

Enfin, et quel que soit le sexe de l'analyste, lorsque l'incertitude de l'identité sexuelle que présentent beaucoup de ces analysants entre en résonance avec les propres parts androgynes de leur analyste, elle peut déclencher des phases — et parfois des fixations — sur le mode d'une homosexualité inconsciente. Toutefois nous rencontrons aussi des analysants chez qui l'androgynie semble être le refuge narcissique, défense contre toute intrusion.

Ainsi, pour certains, la seule marque hétérosexuelle qui puisse être tolérée est ce dont témoigne dans son corps l'analyste de sa propre sexuation — à condition qu'elle ne soit pas provocation, mais qualité d'être. De là, on assiste peu à peu à la constitution d'un couple primordial dont le pôle féminin serait représenté par le corps de l'analyste, tandis que le pôle masculin le serait par son animus. Couple dont l'éros relationnel qui en assure le lien se projetterait dans le transfert et servirait de libido de parenté.

Je crois qu'ici il est nécessaire de considérer cette figure de l'androgyne comme un soi archaïque qui demande à être perçu et reconnu comme tel. Ceux qui la portent peuvent n'évoluer que jusqu'à la mise en forme d'une sexuation physique, sans que puisse être touchée cette androgynie psychique qui leur sert de matrice originelle. Mais si, pour eux, le roi et la reine ne réaliseront peut-être jamais leur séparation, du moins la libido qui les immerge aura-t-elle rejoint la pulsion de vie. Et la reconnaissance que fait l'analyste de cette figure est tout à la fois porteuse de la restauration de sa valeur narcissique et soutien de son exposition au grand jour.

LA LIBIDO ÉROTIQUE

Mais pour parler plus particulièrement des expériences des femmes analystes, je ferai les remarques suivantes. Lorsque nous avons affaire à des hommes qui cherchent à utiliser le transfert sur un mode fusionnel, sollicitant en nous la mère en qui se perdre, faute d'avoir pu, en son temps, trouver la voie par où ils auraient pu en renaître, j'ai découvert combien l'approche hétérosexuelle offrait de ressources énergétiques. Tout d'abord face à des anima, en général peu différenciées de l'archétype, l'animus de la femme agit de façon très attractive. Le piège étant bien sûr, chez les analystes femmes, que leur animus n'exerce la royauté de façon trop autoritaire ! Mais à condition de laisser vivre dans son temps la tension érotique qui œuvre entre les opposés, on voit peu à peu s'éveiller l'anima du partenaire. Cela se sent à une certaine qualité dans les séances et à la façon dont l'attraction fusionnelle cesse d'y être prépondérante. Liée aux pulsions érotiques, elle trouve alors son expression dans le transit incestueux et peut libérer son énergie à travers les représentations oniriques et les éprouvés émotionnels vécus en séance. Cela se révèle aussi dans la transformation qui s'opère chez nos analysants : leur aspect masculin s'affirme, parfois de façon spectaculaire, comme chez cet homme qui était toujours vêtu à « la va-comme-je-te-pousse » et qui un jour apparut en véritable dandy, allant jusqu'à me faire remarquer la parfaite harmonie de ses ensembles.

C'est ainsi que la reconnaissance de leur masculinité, dont ils viennent s'assurer dans ce regard de femme qui se pose sur eux, contribue à restaurer leur image si précocement blessée. Et c'est alors que les failles plus profondes, contemporaines des vécus archaïques, commencent à émerger. Des émotions jusque-là inconnues remontent de ces temps lointains où elles avaient pris naissance, tandis que des représentations donnent une figure à l'innommable et civilisent progressivement les violences instinctuelles qui étaient restées livrées au chaos.

LA FEMME AU BAIN

Je dirai encore que le vécu des transferts hétérosexuels nous permet aussi de mieux saisir la différence des énergies qui œuvrent entre l'analyste femme et ses partenaires féminins. Ici, c'est le domaine des mères, et si la femme y cherche son accomplissement, c'est dans un corps-à-corps avec la mère, épreuve redoutable car elle s'opère sans le filet de protection des tensions érotiques hétérosexuelles. J'ai déjà dit plus haut le combat qui s'engage avec les toutes-puissances de la mère archaïque qui ne veulent pas laisser entamer l'image de totalité qu'elles ont constituée — véritable faux soi de la relation archaïque. Combat qui vient secouer l'analyste jusque dans les défenses que son moi avait pu édifier contre la mère redoutable. Épreuve dans laquelle nous avons à faire l'expérience de l'abandon du désir de puissance et jusqu'à l'image narcissique de notre compétence. Sans doute est-ce grâce à cet abandon que l'éros du soi peut devenir l'organisateur de la relation et que le moi peut en laisser transparaître les effets. Mais c'est aussi à travers cet abandon de notre puissance qu'il est donné à l'autre de découvrir ses propres pouvoirs.

Enfin j'aimerais utiliser encore une fois notre figure du « roi et de la reine au bain », à l'occasion de ces transferts féminins qui engagent si profondément la capacité créatrice des deux protagonistes autour de l'espace maternel. Le sens de cette figure s'accomplirait alors plus particulièrement dans la reconstitution, et parfois même la constitution de cet espace destiné à préparer la « naissance de l'enfant du devenir ».

Il est temps, à présent, de rassembler les fils de mon argumentation. Dans ce chapitre, j'avançais que l'analyse qui traite des restaurations narcissiques organisait une forme spécifique de transfert que j'ai illustrée par la figure alchimique du roi et de la reine immergés dans le bain. Transfert dont le soi composait l'un des constituants, l'autre étant fourni par la libido de parenté, ou d'appartenance. Je pourrai citer d'autres passages de la *Psychologie du transfert* dans lesquels Jung précise ce double rapport. Par exemple : le soi « en tant qu'union des contraires n'est jamais complet chez l'individu sans la relation à l'autre » et : la relation du « moi au toi » passe par la reconnaissance des projections mutuelles dont le soi fait partie. En proposant la figure alchimique du « roi et de la reine au bain » comme pivot de mes réflexions, j'ai pensé qu'elle nous aiderait à saisir la nature des projections dont nous sommes investies dans les demandes de restauration des failles narcissiques et dans quelle sorte de transfert elles étaient activées. Ainsi lorsque cette analysante me déclarait : « Vous êtes ma fleur d'or », sa formulation exprimait fort justement la situation du transfert, puisqu'elle me signifiait ce dont sa mère l'avait, à son insu, dépossédée et dont elle espérait de moi la restitution, ignorant en commençant son analyse que la fleur d'or était en elle, tout en en pressentant la présence.

LES FORMES DU TRANSFERT

A quoi donc pouvons-nous repérer qu'une forme de transfert s'est accomplie ? Avant tout, il me semble, à l'épuisement de l'énergie qui soutenait l'avancée de l'analyse. Ce qui ne veut pas dire forcément que l'analyse s'arrêtera là. Dans de nombreux cas, cependant, j'ai remarqué que le transfert où se restaurent les failles narcissiques clôt la phase d'analyse entreprise avec cet analyste. Je pense que la plupart de ceux qui nous quittent à cet endroit, ayant renoué avec l'énergie qui nourrit le lien à la mère et anime le soi, veulent préserver intacte l'image retrouvée, même s'ils sont prêts à accepter les séparations. Certains, je l'ai dit, n'iront pas plus avant dans l'analyse, d'autres chercheront ailleurs et autrement la voie du père et la rencontre avec l'homme.

Mais il arrive que l'analyse se continue avec le même analyste, on assiste alors à un déplacement de l'énergie vers d'autres formes du transfert, souvent après des ruptures temporelles, à moins que ne soit verbalisée la nouvelle demande : « Je voudrais continuer avec vous, mais autrement. »

L'accomplissement de cette forme de transfert n'est certes pas toujours complet, mais nous pouvons cependant reconnaître les principaux éléments qui la composent et, puisqu'il s'agit de narcissisme et donc de reconnaissance de l'image de soi qui se constitue dans le regard de l'autre, je mettrai, pour conclure, au centre de la figure du roi et de la reine ce face-à-face dans lequel leurs regards se font mutuelle reconnaissance des différences, et échange d'amour.

Quant à savoir jusqu'où peuvent se restaurer ces blessures narcissiques, nous l'ignorons quand nous entreprenons une analyse. Il arrive que celle-ci s'arrête, et parfois tragiquement, mais, tant qu'elle se poursuit, l'espoir que le sens l'emporte sur le non-sens soutient la poursuite du transfert.

« Tout ne peut pas être guéri, tout ne doit pas être guéri », rappelait Jung.

Quant à la qualité essentielle qui me paraît aussi celle qui est la plus sollicitée dans ces analyses, c'est bien la patience.

CHAPITRE VI

LA FLEUR DE NARCISSE OU L'ESPÉRANCE DU SOI

La fleur du soi

La mort de Narcisse peut paraître clore le débat, pourtant une fleur demeure. Si, pour les uns, elle témoigne de la fin d'un cycle, du retour à l'inconscience d'avant les commencements, pour d'autres, elle est chargée de l'espoir du renouveau et, comme telle, elle ouvre à de nouvelles perspectives. La fleur de Narcisse devient, alors, symbole du soi, instance narcissique par excellence, celle qui nourrit l'amour de soi et des autres.

Mais qui peut délivrer Narcisse de la prison du mythe qui le condamne à mourir pour s'être trop aimé ? Ceux qui sont ainsi blessés gardent longtemps, sinon toujours, la marque de cette blessure ; pourtant certains, en poursuivant la quête d'une identité qui ne saurait se satisfaire d'une image, si resplendissante qu'elle soit, finissent, d'une façon ou d'une autre, par rencontrer leur fleur, « pure jouissance » elle aussi, mais du soi et non plus du simple reflet qu'en captivait le moi.

... Cette jeune fille, Narcisse au féminin, était venue me voir, enlisée dans un ennui de vivre qui confinait littéralement au dégoût — tant elle trouvait peu de goût à la vie. Lorsque c'était trop dur, elle cherchait refuge dans l'oubli en fumant du H., puis venait se récupérer, comme elle disait, dans sa séance d'analyse. Un jour je lui demandai si elle ne voulait pas tenter de trouver autre chose pour se satisfaire ? Elle consentit à essayer. Je la fis asseoir près de moi et je l'invitai à regarder un bouquet de fleurs posé sur la table. Il s'agissait, je m'en souviens, de jonquilles que l'on appelle aussi narcisses.

Nous restâmes dans un silence qui, cependant, n'était pas angoissant, car je la sentais peu à peu se détendre. Je lui proposai alors de dessiner les fleurs. Elle s'assit devant la table, inactive. Puis tout à coup elle éclata en sanglots.

Au bout d'un moment je lui demandai si elle pleurait de ne pouvoir dessiner. « Non, me dit-elle, c'est parce que maintenant je sens que je peux dessiner. » Et le dessin qu'elle avait, enfant, passionnément aimé, devint alors un espoir grâce auquel elle reprit goût à la vie, avant d'y prendre appui pour orienter sa vie professionnelle.

C'est donc en retrouvant une créativité spontanée que la jeune fille s'était sentie reliée à elle-même et de nouveau vivante. Cette joie d'être, dont témoigne l'enfant tout entier à ses jeux, se prolonge tout au long de la vie, dans ces expériences au cours desquelles l'homme découvre qu'il existe des états de non-séparation, des états où il se vit le témoin et l'acteur de ce qui se crée en lui, à travers lui, et aussi par lui. Ce sentiment d'être, relié à l'essence même de la vie, est un sentiment qui se perçoit subjectivement mais qui peut se communiquer à travers tout acte créatif.

LA RÉSISTANCE AU CHANGEMENT

Mais nous avons vu que ce passage du mal-être à l'expérience d'être soi avait été précédé, chez cette jeune fille, d'un très long désarroi, où son Narcisse au négatif, du moins dans la conscience qu'elle en avait, la maintenait dans le dégoût d'elle-même. En fait, dans son inconscient, elle restait accrochée à une image idéale qu'elle désespérait d'atteindre. Seule la souffrance éprouvée soutenait l'espoir de trouver un sens à sa démarche.

Quelle est donc la nature des obstacles contre lesquels Narcisse doit lutter, pour retrouver le sentiment créatif d'exister ? La méprise essentielle autour de laquelle se joue le drame de Narcisse est, nous en avons longuement débattu, de s'être trompé d'objet de connaissance. Le besoin de connaître que l'homme ressent comme une joie et une plénitude, mais aussi comme une passion dévorante, passe inévitablement par la découverte — émerveillée ou angoissée — qu'il fait de lui-même, tout autant que par la quête de nouveaux objets de connaissance. Lorsque l'avidité est par trop dominante, elle s'assortit presque toujours de l'angoisse de voir s'échapper l'objet désiré, ou encore de la crainte qu'il se refuse, ce qui est une autre façon de redouter son pouvoir — et peut-être cet objet désiré n'est-il pas tellement disposé à se laisser dévorer par celui qui le désire d'une telle ardeur ? Le résultat de ce petit jeu où le désir apparaît si fâcheusement contrarié se traduit généralement par un blocage, apparemment incompréhensible.

Cependant si nous parvenons à comprendre le blocage comme une invitation à reconsidérer l'attitude du conscient, alors le blocage devient un instrument de connaissance de soi. Le moi possessif pourra s'ouvrir au sentiment et se laisser guider par lui dans ses choix d'objet. De plus il sera possible de prendre en compte cet autre besoin fondamental de l'humain qui, à côté du besoin de connaissance, trouve sa satisfaction à s'exercer apparemment sans autre but que la joie de l'exercice. Toutes les activités ludiques, tous les actes créatifs naissent de ce besoin. Et si nous disons besoin, c'est qu'il s'agit là de quelque chose d'instinctif. L'expérience nous enseigne que lorsque nous pratiquons ces activités nous nous sentons remplis d'énergie. En fait, nous nous sentons reliés à la source créatrice de l'éros — c'est ce qu'exprime la fleur poussée sur le lieu où mourut Narcisse. C'est aussi ce que nous retrouvons dans la pratique analytique, ce qu'avait découvert Jung lorsque, en se remémorant les jeux de construction auxquels il se livrait petit garçon, il s'était dit : « Il y a de la vie là ! », vie qui lui avait permis, en renouant avec les jeux de son enfance, de résoudre le blocage de sa pensée.

Notes

I. LE SOI ET LE NARCISSISME

1. C.G. Jung, *Les Racines de la conscience*, Paris, Buchet-Chastel, 1971.

2. Poème d'Arthasis, ou du Supersage, in Bottero et S. Noahkramer, *Lorsque les dieux faisaient l'homme*, Paris, NRF, 1989.

3. Sur le complexe, cf. *Cahiers jungiens de psychanalyse*, n° 60, 1989.

4. Cf. Édith Hamilton, *La Mythologie*, Marabout, 1986.

5. S. Freud, « Pour introduire le narcissisme », in *La Vie sexuelle*, Paris, PUF, « Bibliothèque de psychanalyse », 1973.

6. Sur le stade du miroir, cf. J. Lacan, *Écrits*, Paris, Le Seuil, 1966.

7. B. Grunberger, *Le Narcissisme*, Paris, Payot, 1971.

8. R. Gary, *La Promesse de l'aube*, Paris, Gallimard, 1960.

9. C.G. Jung, *Métamorphoses de l'âme et ses symboles*, Genève, Georg et Cie, 1967.

10. E.O. James, *Le Culte de la déesse-mère*, Paris, Payot, 1960.

11. C.G. Jung, *Métamorphoses de l'âme et ses symboles, op. cit.*

12. B. Grunberger, *op. cit.*

13. C.G. Jung, *Métamorphoses de l'âme et ses symboles, op. cit.*

14. *Ibid.*

15. D.W. Winnicott, *Jeu et réalité*, Paris, Gallimard, 1975.

16. C.G. Jung, *Ma vie*, Paris, Gallimard, 1966.

17. Sur le soi, cf. entre autres : C.G. Jung, *L'Ame et le soi*, Paris, Albin Michel, 1990 ; E.G. Humbert, *Jung*, Paris, Éd. universitaires, 1983 ; « Le soi et le narcissisme », *Cahiers de psychologie jungienne*, septembre 1979.

18. Sous la direction de Jean Bernard, Marcel Bessis, Claude Debru, *Soi et non-soi*, Paris, Le Seuil, 1990.

19. C.G. Jung, *Dialectique du moi et de l'inconscient*, Paris, Gallimard, 1966.

20. *Ibid.*
21. B. Grunberger, *op. cit.*
22. C.G. Jung, *Métamorphoses de l'âme et ses symboles*, *op. cit.*
23. Cf. S. Ferenczi, *Psychanalyse 4*, Paris, Payot, 1982, et J. Laplanche, *Nouveaux fondements pour la psychanalyse*, Paris, PUF, 1987.

II. LES PRÉMISSES DU SOI

1. Sur M. Fordham et E. Neumann, cf. entre autres D. Lyard, « Le modèle théorique d'E. Neumann », in *Cahiers de psychologie analytique*, n° 20, 1979.
2. D. Lyard, « La relation archaïque », in *Cahiers de psychologie analytique*, n° 40, 1984.
3. J. Laplanche, *Nouveaux fondements pour la psychanalyse*, Paris, PUF, 1987.
4. C.G. Jung et C. Kerényi, *Introduction à l'essence de la mythologie*, Paris, Payot, « Petite bibliothèque », 1968.
5. C.G. Jung, *Métamorphoses de l'âme et ses symboles*, Genève, Georg et Cie, 1967.
6. M. Éliade, *Aspects du mythe*, Paris, Gallimard, 1963.
7. D.W. Winnicott, *Jeu et réalité*, Paris, Gallimard, 1975.
8. F. Tustin, *Les États autistiques chez l'enfant*, Paris, Le Seuil, 1968.
9. *Ibid.*, p. 260.
10. C.G. Jung, *Les Racines de la conscience*, Paris, Buchet-Chastel, 1971.
11. *Ibid.*, p. 288.
12. M. Éliade, *Le Sacré et le Profane*, Paris, Gallimard, « Idées », 1967.
13. R. Diatkine, « L'autisme infantile précoce », in *Topique*, n° 35-36, Épi, mai 1985.
14. C.G. Jung, *Les Racines de la conscience*, *op. cit.*, p. 281.
15. F. Tustin, « Contours autistiques et pathologie adulte », in *Topique*, rev. cit.
16. C.G. Jung, *Métamorphoses de l'âme et ses symboles*, *op. cit.*

III. LE CORPS, INCARNATION DU SOI

1. C.G. Jung et C. Kerényi, *Introduction à l'essence de la mythologie*, Paris, Payot, « Petite bibliothèque », 1968.
2. C.G. Jung, *Métamorphoses de l'âme et ses symboles*, Genève, Georg et Cie, 1967.
3. *Ibid.*

4. *Ibid.*
5. G. Groddeck : « Du ventre humain et de son âme », in *Nouvelle revue de psychanalyse*, n° 3, 1971.
6. C.G. Jung, *Métamorphoses de l'âme et ses symboles*, *op. cit.*
7. *Ibid.*
8. C.G. Jung, *L'Homme à la découverte de son âme*, Paris, Payot, « Petite bibliothèque », 1989.
9. *Ibid.*
10. *Ibid.*
11. *Ibid.*
12. C.G. Jung, *Psychologie et alchimie*, Paris, Buchet-Chastel, 1970.
13. Cf. *Cahiers de psychologie*, vol. 14, n° 4, 1971 (édités par la Société de psychologie du Sud-Est et l'Université de Provence).
14. J. Lacan, *Écrits II*, Paris, Le Seuil, 1971.
15. M. Éliade, *Le Sacré et le Profane*, Paris, Gallimard, 1967.
16. C.G. Jung, *Ma vie*, Paris, Gallimard, 1960.
17. C.G. Jung, *Métamorphoses de l'âme et ses symboles*, *op. cit.*
18. C.G. Jung, *Psychologie et alchimie*, *op. cit.*
19. F. Dolto, *L'Image inconsciente du corps*, Paris, Le Seuil, 1984.
20. D. Anzieu, *Le Moi-peau*, Paris, Dunod, 1985.
21. N. Jerne, interview donnée aux *Nouvelles littéraires*, 1984.
22. C. Dejours, *Le Corps entre biologie et psychanalyse*, Paris, Payot, 1986.
23. C.G. Jung, *L'Énergétique psychique*, Genève, Georg et Cie, 1956.
24. C.G. Jung, *Les Racines de la conscience*, *op. cit.*
25. *Ibid.*
26. L. Andréas-Salomé, *R.M. Rilke*, Paris, Maren Sell, 1989.
27. C.G. Jung, *The Seminars*, vol. II : *Nietzsche's Zarathustra*, Londres, Routlege, 1989.
28. Cf. N. Schwartz-Salant, *Narcissism and Character Transformation*, Toronto, Canada, Inner City Books, 1982.

IV. L'IMAGE, STRUCTURE ET REPRÉSENTATION

1. C.G. Jung, *Types psychologiques*, Genève, Georg, 1958.
2. R. Huyghe, *Formes et forces* (chap. 3), Paris, Flammarion, 1971.
3. R. Caillois, *Le Mythe de l'homme*, Paris, « Idées », Gallimard, 1972.
4. C.G. Jung, *Les Racines de la conscience*, Paris, Buchet-Chastel, 1971.
5. *Ibid.*
6. *Ibid.*
7. *Ibid.*
8. J. Lacan, *Le Séminaire*, livre I, Paris, Le Seuil, 1975.

9. Cf. *Journal of Analytical Psychology*, juillet 1973.

10. J. Michelet, *La Sorcière*, Paris, Juillard, 1964, et J. Gillibert, in *Revue française de psychanalyse*, Paris, Éd. de Minuit, 1977.

11. C.G. Jung, *La Psychologie du transfert*, Paris, Albin Michel, 1980.

12. Cf. le rôle du double et du complémentaire in P. Solié, *La Femme essentielle*, Paris, Seghers, 1980.

13. B. Grunberger, *Le Narcissisme*, Paris, Payot, 1975.

14. J. Laplanche et J.B. Pontalis, *Vocabulaire de la psychanalyse*, Paris, PUF, 1967.

15. Cf. Freud, *La Technique psychanalytique*, cité par C.G. Jung in *Les Racines de la conscience*, Paris, Buchet-Chastel, 1971, p. 521.

16. A. Green, *Narcissisme de vie, narcissisme de mort*, Paris, Éd. de Minuit, 1983.

17. C.G. Jung, *Les Racines de la conscience*, *op. cit.*

18. E. Humbert, *Jung*, Paris, Éd. Universitaires, 1983.

19. C.G. Jung, *Aïon*, Paris, Albin Michel, 1983.

20. *Ibid.*

V. NARCISSE À L'ÉPREUVE DE L'ANALYSE

1. C.G. Jung, *La Psychologie du transfert*, Paris, Albin Michel, 1980. Le n° 30 des *Cahiers de psychologie jungienne* a été consacré à cet ouvrage.

2. C'est Jung qui le qualifie ainsi.

3. Pierre Solié, *La Femme essentielle*, Paris, Seghers, 1980.

4. C.G. Jung, *op. cit.*

5. *Ibid.*

6. *Ibid.*

7. *Ibid.*

Table

« Bibliothèque jungienne »
Collection dirigée par Michel Cazenave

ŒUVRES DE JUNG

Commentaire sur le Mystère de la Fleur d'Or.
La Psychologie du transfert.
Mysterium conjunctionis (2 vol.).
Aïon. Études sur la phénoménologie du Soi.
Psychologie et orientalisme.
Synchronicité et Paracelsica.
La Vie symbolique. Psychologie et vie religieuse.
L'Âme et le Soi. Renaissance et individuation.
Essais sur la symbolique de l'esprit.
Correspondance, 1906-1961 (5 vol.).

ESSAIS

La Légende du Graal, Emma Jung et Marie-Louise von Franz.
Le Sacrifice, fondateur de civilisation et d'individuation, Pierre Solié.
Perspectives jungiennes, Luigi Aurigemma.
Psychanalyse et alchimie, Robert Grinnell.

www.ingramcontent.com/pod-product-compliance
Lightning Source LLC
Chambersburg PA
CBHW071446230926
51846CB00001B/360
* 9 7 8 2 2 2 6 3 2 4 3 6 8 *

Imprimé en France par Lightning Source
1 avenue Gutenberg
78310 Maurepas

« Bibliothèque jungienne »
Collection dirigée par Michel Cazenave

ŒUVRES DE JUNG

Commentaire sur le Mystère de la Fleur d'Or.
La Psychologie du transfert.
Mysterium conjunctionis (2 vol.).
Aïon. Études sur la phénoménologie du Soi.
Psychologie et orientalisme.
Synchronicité et Paracelsica.
La Vie symbolique. Psychologie et vie religieuse.
L'Âme et le Soi. Renaissance et individuation.
Essais sur la symbolique de l'esprit.
Correspondance, 1906-1961 (5 vol.).

ESSAIS

La Légende du Graal, Emma Jung et Marie-Louise von Franz.
Le Sacrifice, fondateur de civilisation et d'individuation, Pierre Solié.
Perspectives jungiennes, Luigi Aurigemma.
Psychanalyse et alchimie, Robert Grinnell.

Imprimé en France par Lightning Source
1 avenue Gutenberg
78310 Maurepas

www.ingramcontent.com/pod-product-compliance
Lightning Source LLC
Chambersburg PA
CBHW071446230926
51846CB00001B/360
9782226324368